여름에 내린 눈
Snow in the Summer

SNOW IN THE SUMMER

by Sayadaw U Jotika

Copyright ⓒ Sayadaw U Jotika

All rights reserved by Sayadaw U Jotika

Korean translation copyright ⓒ 2003 Haneon Community Co.Ltd.

※ 우 조티카 사야도의 가르침이나, 마음챙김수행에 대해서는 연방죽 선원(BUDDHA'S
   NEWS)으로 문의 바랍니다.

   (홈페이지 lotuspond.compuz.com 전화 02) 334-1763)

여름에 내린 눈
Snow in the Summer

2003년 7월 5일 1판 1쇄

2024년 2월 15일 개정2판 2쇄

지은이 우 조티카 사야도

옮긴이 위무띠 법주 스님

펴낸이 김철종

펴낸곳 (주)한언

출판등록 1983년 9월 30일 제1-128호

주소 서울시 종로구 삼일대로 453(경운동) 2층

전화번호 02)701-6911 **팩스번호** 02)701-4449

전자우편 haneon@haneon.com

ISBN 978-89-5596-776-0 (03220)

여름에 내린 눈
Snow in the Summer

우 조티카 사야도 지음 / 위무띠 법주 스님 옮김

CONTENTS

나는 많은 고통을 겪고 비구가 되었습니다.
나는 비구가 되어 더 많은 고통을 겪었습니다
나는 비로소 인간이 되었습니다.

지은이의 글

누구나 뭔가를 표현하려는 강렬한 욕구를 갖고 있습니다. 이러한 욕구는 우리가 성장하는 데 매우 중요합니다. 표현할 기회를 갖지 못한다면 우리는 창의적인 생각을 할 수 없게 될 것입니다. 그렇지만 표현하고자 하는 욕구는 일종의 집착입니다. 하지만 나 자신에게 "표현하고자 하는 집착을 놓아버려라!"고 강요할 수는 없군요.

마음속에 있는 것을 말로 다 표현할 수는 없습니다. 내가 설법하고 있다고 생각하지는 말아주십시오. 나는 단지 내 개인의 느낌이나 의견 같은 걸 표현하고 있을 뿐입니다.

나의 말을 듣는 사람이 잘못 이해하기도 합니다. 어떤 사람은 내가 한 말을 인용해 나를 비난하기도 합니다. 글로는 내 생각을 온전히 표현할 수 없습니다. 말로 표현하는 것조차도 내게는 매우 어렵습니다. 그럼에도 나는 내 생각을 표현하려고 노력해봤습니다. 내가 한 말이 유명한 책의 내용과 일치하지 않을 수도 있습니다. 당신이 내 말에 전적으로 동의해주길 바라지도 않습니다. 내 글이 보편적 진리는 아니니까요. 단지 1986년 10월의 내 생각일 뿐입니다. 모든 것이 변하듯 나 또한 변합니다. 혹 내 말과 내 글에 잘못이 있다면 용서해주시기 바랍니다.

내 이야기를 조금 해보겠습니다. 나는 1947년 8월 5일에 이슬람 집안에서 태어났습니다. 가톨릭계 학교에서 교육받았고 거의 모든 분야의 책을 읽었습니다. 나는 체계화된 어떤 종교도 믿지 않았습니다. 지금은 체계화된 종교를 믿지 않냐고요? 글쎄요, 누가 알겠습니까. 열아홉 살 때 비구가 되고 싶었지만 대학에 갔습니다. 대학 교육은 매우 불만족스러웠습니다. 지위·돈·쾌락 같은 피상적인 것만 추구한다는 것을 깨달았습니다. 나는 나 혼자 공부했습니다.

인생을 그렇게 살아갈 수는 없었습니다. 경쟁 사회에서 내가 설 곳은 없었습니다. 비구가 되어 숲속에서 사는 것이 내게는 가장 훌륭한 삶의 방법이었고, 기질에도 맞았습니다.

나의 할머니는 샨족shan(미얀마의 샨 주에 사는 동남아시아의 타이계 민족집단)입니다. 할머니는 80세까지 평화롭게 사시다가 내가 열네 살이 되던 해에 돌아가셨습니다. 할머니와 나는 매우 친했고 지금도 종종 할머니 생각을 하곤 합니다.

나는 샨족 사람들을 좋아합니다. 그들은 매우 온화합니다.

메묘Maymyo 부근에는 많은 샨족 사람들이 삽니다. 우리가 있는 예찬오Ye Chan Oh 마을에도 삽니다. 옝웨Ye-nge 마을 주민들 중 대부분은 샨족이고 샨어를 씁니다. 샨족 할머니들은 모두 내 할머니처럼 생겼습니다. 조용하고 평화롭고 애정이 있으며, 단순하고 참을성 있고 만족할 줄 알고 겸손하며, 매우 다정합니다. 현대 도시에서는 이런 사람을 찾기는 힘듭니다. 도시의 부자들은 의심이 많고 다른 사람이 자기 재산을 노리는 게 아닐까라고 생각하는 듯합니다.

가족 관계는 좋지 못했습니다. 내가 사랑한 유일한 가족은 누나뿐이었습니다. 누나는 나를 이해하지는 못했지만 나를 사랑했습니다.

나는 가족에 속해있다고 느껴본 적이 없었습니다. 나는 이방인이었습니다. 누나를 언젠가 만나러 가게 될지도 모르겠네요. 부모님과는 애증 관계였습니다. 지금은 두 분 다 돌아가셨지만요. 나는 집에서 많이 외로웠습니다.

나는 동양과 서양이라는 서로 다른 두 문화의 경계에서 살았습니다. 미얀마에서 태어나 서구식 학교에서 교육을 받았습니다. 불교·기독교·유대교·힌두교·이슬람교 등여러 종교와, 철학으로서의 '유물론'도 접해봤습니다. 나는 진정으로 믿을 수 있는 것은 없다고 결론을 내렸지요. 프로

이트, 융, 아들러, 칼 로저스, 로널드 데이비드 랭, 윌리엄 제임스 등 서양 심리학과 소크라테스, 플라톤, 아리스토텔레스, 헤겔, 칸트, 니체, 키르케고르, 버트런드 러셀, 비트겐슈타인, 베르그송 등 서양 철학은 한 사람을 아주 혼란스럽게 만드는 데 충분했습니다. 나는 전자공학을 공부했습니다. 블랙홀 같은 진보된 과학 이론을 많이 접했습니다.

나는 자유를 원합니다, 한곳에 오래 머물면 감옥에 있는 듯합니다. 미얀마 전통에 따르면 나는 사자입니다. 내가 산山사자가 되어서 산에서 포효하고 있는 것처럼 느껴집니다. 아, 자유⋯ 내 자유를 구속하는 어떠한 속박이나 굴레도 구속도 견딜 수 없습니다. 나는 자유를 사랑하며, 그것을 그 어떤 것과도 바꿀 수 없습니다. 나는 자유로운 마음 또한 사랑합니다. 그래서 무엇이 내 마음을 구속하는지 끊임없이 마음챙김하고 확인합니다.

많은 《삐띠까Pitaka》(붓다의 말씀을 담은 율장·경장·논장을 말함)를 읽었습니다. 하지만 내 스스로 뭔가를 찾거나 볼 때마다 새로운 발견을 한 것 같습니다. 스스로 이런 간단한 사실을 발견하는 것은 큰 기쁨입니다. 유레카Eureka!

책에서 읽은 것만으로 마치 모든 걸 아는 것처럼 이야기하는 사람을 볼 때마다 딱하기 이를 데 없습니다.

나는 산山사자입니다. 홀로 있지만 외롭지는 않습니다. 나는 홀로 사는 법을 배웠습니다. 때때로 내가 이해한 깊은 통찰을 표현해주고 싶지만, 그것을 듣고 이해할 사람을 찾기가 어렵습니다. 대부분 나 혼자 듣습니다.

육체적·정신적으로 자유롭게 되는 것이 나의 가장 큰 바람입니다. 자유에는 여러 형태와 단계가 있습니다. 어떤 희생을 치르더라도 내 본성을 따를 것입니다. 사람들이 내게 아주 많이 기대를 합니다. 나는 그들의 기대를 만족시킬 수 없고 그렇게 할 수도 없습니다. 그래서 그들의 기대에 맞추려하기보다는 나 자신의 자유를 향해 가고 있습니다.

카를 융의 《기억, 꿈, 사상Memories, Dreams, Reflec-tions》이라는 책을 읽는데 융이 말하는 몇몇 개념들이 아주 흥미롭습니다. 융이 스스로를 표현한 말 중 몇 구절은 내게도 정확히 맞습니다.

어렸을 때 나는 혼자라고 느꼈고, 지금도 여전히 그렇다. 다른 사람들은 확실히 알지 못하는 것들, 대부분은 알려고 하지 않는 것을 나는 알고 있으며, 그것을 다른 사람들에게 살며시 알려주기도 했다.

외로움은 주위에 아무도 없어서가 아니라 자신은 중요하다고 느끼는 것을 다른 사람들과 나눌 수 없거나, 다른 사람들은 그것을 용납할 수 없다고 생각할 때 생긴다. 다른 사람들보다 많은 것을 아는 사람은 외롭다.

외로움이 인간관계를 가로막는 장애물은 아닙니다. 외로운 사람보다 인간관계에 더욱 민감한 사람은 없습니다. 진정한 인간관계는 서로가 각각인 존재임을 기억하고 서로를 동일시하지 않을 때 활발하게 이루어집니다.

나는 선택의 자유가 없이 주어진 '내면의 법inner law'을 따라야 했습니다. 물론 항상 그것을 따르지만은 않았습니다. 어떻게 모순 없이 살 수 있습니까?

나는 자신의 내면에서 자연스럽게 진행하고 있는 생각을 나 자신의 실재의 한 부분으로서 받아들여야만 한다는 사실을 알았다. 진실과 거짓은 항상 현존하지만, 그것은 결합된 것이 아니기에 그렇게 중요하지 않다. 생각의 존재가 그것의 주관적 판단보다 중요하다. 그러나 이 판단도 억압되어서는 안 된다. 그것 역시 전체의 한 부분으로서 존재하는 생각이기 때문이다.

탐욕의 지옥을 건너보지 못한 사람은 결코 탐욕을 극복할 수 없다. 탐욕은 바로 이웃집에 살고 있으며, 어느 순간 그 불꽃이 우리 집으로 옮겨붙을지 모른다. 우리가 포기하거나 남겨두거나 오랫동안 방치해두면 그것은 맹렬한 기세로 되돌아올 것이다.

탐욕을 방치하지 마십시오. 그것을 사띠, 마음챙김하십시오. 나에게 '건넜다'라는 의미는 '행동을 취했다'라는 뜻이 아닙니다. 그것은 마음챙김하는 것이고, 마음챙김으로 경험하는 것입니다.

진보하는 문화는 우리로 하여금 미래에 대해 유치한 꿈을 꾸게 하고, 과거로부터 도피하게끔 몰아갈 위험이 있다. 향상을 위한 개선, 즉 새로운 방법들과 기기들에 처음에는 놀라지만 머지않아 그런 것들이 시시껍절해지고, 심지어 그에 대한 대가를 치러야 하기도 한다. 그것은 결코 모든 존재를 만족시키거나 행복하게 할 수 없다. 빨라진 통신수단이 과거 그 어느 때보다 사람을 시간에 쫓기게 하듯이, 새로운 방법들과 기기들은 생활 속도를 불쾌할 정도로 빠르게 만드는 믿을 수 없는 '생활의 감미료'다.

그러니 항상 마음챙김과 함께하면서 가급적 단순하게 사십시오.

나는 전기를 쓰지 않고 벽난로와 화덕에 불을 지핀다. 저녁에는 오래된 등잔에 불을 켠다. 수도가 없으니 우물에서 물을 긷는다. 장작을 패서 요리를 한다. 이러한 단순한 일은 사람을 단순하게 만든다. 단순해지는 것은 정말 어려운 일이다. 볼링겐Bollingen(카를 융이 스위스에서 살던 별장 근처의 마을)에서 들리는 소리는 침묵뿐이고, 나는 자연과 검소한 조화를 이루며 살고 있다. 말로 표현할 수 없는 평온이 사방에 퍼져있다. 볼링겐의 탑에서는 많은 세기를 동시에 사는 것 같다. 수세기를 거슬러 올라가는 생각들, 그에 따라 먼 미래를 내다보는 생각들이 머리에 떠오른다. 이 장소는 나보다 오래 지속될 것이다. 이 장소와 스타일에 있어서는 먼 옛날로 돌아간 듯하다. 현재를 상기시키는 것은 거의 없다. 16세기 사람이 이 집에 이사 온다면 석유램프와 성냥만이 새로울 뿐, 그것마저 없다면 그는 이곳에서 살면서 아무 어려움이 없을 것이다. 전기도 전화도 없이, 죽은 듯 조용한 시간을 방해하는 것은 아무것도 없다.

_카를 융

나의 유일한 소망은 사람과 소음에서 벗어나 깊은 산속에서 최소한의 필수품만으로 조용하고 평화롭게 사는 것입니다.

나는 천천히 타는 숯불입니다. 불꽃을 볼 수는 없지만 그래도 그것은 타고 있지요. 나는 완벽하지 않습니다. 나는 완벽하지 않기에 쉼 없이 변화하고 끝없이 나아갑니다. 소리 없이 타오르는 푸르른 불꽃입니다.

비구는 어디에도 집착해서는 안 된다고 합니다. 그러나 나는 그렇게 할 수가 없습니다. 나는 비구이기 전에 인간입니다.

나는 위대한 비구가 되려고 하지 않습니다. 단지 나의 삶, 나의 마음, 나의 가슴에서 일어나는 것은 무엇이든 최선을 다해 끝없이 노력할 뿐입니다.

옮긴이의 글

내 인생에서 최고의 만남은 우 조티카 사야도saya-daw(큰스님)와의 만남입니다. 아주 특별함이 있는 만남이었습니다.

비구가 되어 은둔자의 삶을 사는 우 조티카 사야도를 만나는 것은 산을 움직이는 것보다 더 어렵다고 알려져있습니다. 지금도 사실입니다. 그런 스님께서 어느 날 바람처럼 한국에, 내게 왔습니다. 그리고 나는 변했습니다.

나를 일깨워줄 스승을 찾기 위해 오랜 시간 동안 지구 위의 떠돌이가 되어서 인도, 미얀마, 태국, 네팔, 스리랑카를 오갔습니다. 그런데 우 조티카 사야도는 그동안 내가 만난 수행자들과는 달리 말짓, 손짓, 발짓, 몸짓에서 배어 나오는 특별함이 있었습니다. 몸짓 하나하나가 나에게 깨어남으로 다가왔습니다.

우 조티카 사야도와 한 달 그리고 다시 또 한 달을 친구처럼 함께했을 뿐인데, 내 삶에서 혁명이 일어났습니다. 그리고 나는 분명히 변했습니다.

《여름에 내린 눈*Snow in the Summer*》은 우 조티카 사야도께서 직접 지은 책의 이름입니다. '여름'은 불교의 사바세계, 거짓되고 잘못된 욕망이 들끓는 세계를 의미하고, '눈'은 이 세계에서 벗어나있는 수행자를 뜻합니다.

이 책에서 '눈'은 우 조티카 사야도 자신이며, '내린'은 우 조티카 사야도의 말을 뜻합니다.

아프리카에 가면 킬리만자로 산이 있습니다. 모든 것을 녹여버릴 듯한 태양과 여름만 있는 곳이지만 킬리만자로 산 꼭대기에는 눈이 있습니다. 그곳에서 산 아래를 내려다보면 이글이글 타오르는 열대 속에서 사는 사람들의 세상이 훤히 보입니다.

우 조티카 사야도는 킬리만자로보다 더 높은 곳에서 욕망의 사바세계를 내려보면서 무엇을 위해 어디로 가는지도 모르고 사는 똑똑한 바보들을 일깨우기 위해 메시지를 보냅니다.

산 위에서 내지르는 '산山사자의 포효'를 들어보십시오.

한여름에 눈처럼 시원함이 있습니다.

《여름에 내린 눈》에는 '여름의 눈'처럼 만나기 힘든 것들, 우리를 눈뜨게 하는 눈이 부시게 아름다운 것들이 담겨 있습니다. 그것은 진실입니다.

나는 《여름에 내린 눈》을 보면서 우리에게서 사라진 진실을 봅니다.

숙제를 마친 기분입니다. 내가 그랬듯이 누군가가 《여름에 내린 눈》과의 인연으로 생각이 바뀌고, 삶이 바뀌고, 행복해진다면 좋겠습니다.

추천해주신 마가 스님, 숙제를 하는 데 큰 힘이 되어준 유미경 님, 조재익 화백, 연방죽 선원의 법님들과 세상 모든 인연들께 감사합니다.

연방죽 선원 해은암에서
위무띠 법주스님

19

CHAPTER 1

우정과 인간관계,
자애에 대하여

자신에게 친절히 대해주었으면 하는 앞선 기대를 가지고서는 다른 사람에게
자애를 베풀 수 없습니다. 자애란 당신 스스로 행복하고 평화로워지고 싶어서,
그것을 다른 사람에게도 퍼뜨리는 것이니까요. 다른 길은 없습니다. 스스로 바
라는 선한 것이 다른 사람들에게도 찾아오도록 기원하세요.

인간관계, 우정

마음을 여는 열쇠는 무엇일까요?
그것은 이해입니다.
삶에서 가장 소중한 것은?
인간관계, 우정입니다.

진실한 인간관계 없이는 진실한 삶도 있을 수 없습니다. 인간관계는 신성한 것입니다.

내가 당신에게 줄 수 있는 가장 좋은 것은 우정입니다. 인간관계는 가장 큰 행복의 원천이자 또한 가장 큰 정신적 고통의 원천이기도 합니다. 인생의 질은 우리 주위 사람들과의 인간관계에 달려있습니다.

좋은 친구가 있다는 것은 반가운 일입니다. 선우善友, kalyāṇamittā가 없다면 인생은 밋밋할 것입니다. 친구가 있다는 것은 정말 진귀한 일이지요! 나에게는 친구가 얼마 남아 있지 않습니다. 그래서 친구들이 더욱 소중합니다.

친구를 갖는다는 것은 인생에서 가장 멋진 하나의 경

험입니다. 자기 자신과 세상에 대해 더욱 더 깊은 이해를 계발하는 것 또한 매우 멋진 일입니다. 내게 있어 이해는 내 인생에서 가장 만족스러운 것입니다.

우정은 시간과 공간을 벗어나있습니다.

나는 새로운 많은 친구를 사귀었습니다. 단지 열린 마음으로 막힘없는 소통 외에는 그들에게 바라는 것은 아무것도 없습니다.

나는 진실한 도반을 찾아 함께하고 싶은 큰 집착이 있습니다.

사람들과의 관계는 대부분 믿을 만하지 못합니다. 대부분의 관계는 게임일 뿐입니다. 정직하고 숨김없고 진실하며 순수하고, 자기 뜻대로 조정하려 않고, 오만하지 않은 관계. 상호 존중과 신뢰가 있으며 비현실적인 기대를 갖지 않는 관계. 이와 같은 관계가 가능할까요?

성공한 삶을 살기 위해서는 좋은 인간관계가 필요합니다. 좋은 인간관계는 개인의 인생에 필수품입니다. 사람은 좋은 관계 속에서 배우고 성장합니다. 좋은 관계가 없다면 우리는 로봇에 지나지 않습니다. 나쁜 관계 속에서는 짐승이나 짐승보다 못한 존재가 됩니다. 우리는 사람들과 좋은 관계를 맺지 못하기 때문에 점점 더 비인간적이 되어가고 있습니다.

인간관계는 우리가 정신적으로 성장하는 토양입니다. 척박한 토양에서 우리는 잘 자랄 수 없고 성장을 방해받습니다. 비옥한 토양에서는 잘 자라고 성장합니다. 좋은 관계 없이 정신적 성숙은 있을 수 없습니다. 그러므로 정직하고 부드럽고 유연하며 어떤 종류의 두려움도 없이 대화할 수 있는 좋은 친구, 관계가 필요합니다. 좋지 않은 관계는 해롭습니다.

진실·개방성·이해·보호·자애·인내로 좋은 관계를 맺을 수 있습니다. 대부분의 관계에서는, 정보의 자유로운 개방성, 순수한 보호, 남에 대한 존경, 인간은 불완전하고 한계가 있다는 이해가 없어 삐걱거립니다. 다른 사람에 대한 과도한 기대는, 나의 기대와 다르거나 받아들일 수 없게 되면 그 사람을 거부하게 합니다. 이것은 결국 실망의 원인이 됩니다.

개방성·취약성·정직·자애·이해와 함께하는 관계는 정신적 완성을 촉진시켜주는 좋은 인간관계가 될 것입니다. 대부분의 관계는 시간이 지나면 활기 없고 정체된 일상적인 것이 됩니다.

정직함이 없이 진정한 의사소통은 불가능합니다. 진정한 의사소통 없이 진정한 관계는 있을 수 없습니다. 진정한 관계없이 진정한 후원이나 가르침 등의 도움도 불가능합니다.

좋은 친구가 필요합니다. 좋은 친구가 하나가 아니라 여럿이라면 더 좋지요. 친구가 없는 곳에서는 살 수 없습니다. 그런데 친구란 무엇인가요?

성공한 삶을 살기 위해서는 좋은 인간관계가 필요합니다.
좋은 인간관계는 개인의 인생에 필수품입니다.
사람은 좋은 관계 속에서 배우고 성장합니다.
좋은 관계가 없다면 우리는 로봇에 지나지 않습니다.
나쁜 관계 속에서는 짐승이나 짐승보다 못한 존재가 됩니다.
우리는 사람들과 좋은 관계를 맺지 못하기 때문에
점점 더 비인간적이 되어가고 있습니다.

사랑만으로는 충분하지 않다

고통받는 존재에게 연민을 보내기는 쉽습니다. 그러나 그 사람과 남은 생을 함께 보내기는 어렵습니다.

두 사람이 함께 사는 데에는 사랑만으로는 충분치 않습니다. 서로에 대한 깊은 이해가 필요합니다. 상대방을 변화시키려 하지 않고 모든 것을 수용할 수 있는지, 지금 그대로의 모습을 존중할 수 있는지 보십시오. 의존적인 관계는 바람직하지 않습니다.

관계를 수단으로 이용하면 안 됩니다. 관계는 사랑·이해·존경·감사로 끝나야 합니다. 누구도 완전하지 못합니다. 바른 자세로 임하지 않는다면 관계는 복잡해집니다.

결혼이나 관계를 문제 해결의 수단으로 사용하지 마십시오. 서로를 있는 그대로 사랑하고 존경하고 감사하기 때문에 관계를 맺는 것입니다. 그렇지 않다면 순수한 관계는 없습니다.

사랑에 빠지는 것은 좋은 것입니다. 그러나 결혼을 서두르지는 마십시오. 사람들은 친한 사이가 되면 변합니다,

누군가를 진정 사랑하는 것은 일생을 통해 확인되어야 하는 것입니다. 건초더미에 불을 붙이면 한꺼번에 확 타오르지만 겉겨는 미세하게 오랫동안 지속되며 탑니다.

저녁놀과 사랑

　　당신에게 관심을 갖고 있는 사람을 찾기도 매우 어렵습니다. 관계가 지속되기를 바라는 마음 없이 사랑하십시오. 해질녘 노을이 떠있는 동안에 화려한 노을을 감상하십시오. 그 순간을 소중히 즐기십시오. 노을이 예쁘다고 붙잡아둘 수는 없습니다.

무량한 자애

　우리는 무량한 자애를 가질 수 없습니다. 보통 조금의 자애를 갖고 있을 뿐입니다. 진정한 자애는 결코 당신을 불행하게 만들지 않습니다. 우리를 불행하게 만드는 것은 탐욕이고 바람입니다. '자애에 대한 보답으로서의 자애'를 기대하면 안 됩니다. 자애는 사고파는 게 아닙니다. 기대가 있다는 것은 이기심이 있다는 뜻입니다. 사랑받기 위해 누군가를 사랑해서 돌아오는 사랑이 없으면 우리는 상처받습니다.

일어났다 사라질 뿐

느낌은 일어났다 사라지고, 탐욕도 일어났다 사라집니다. 이렇게 일어났다 사라지게 놔두십시오. 너무 심각하게 받아들이지 마십시오. 단지 그것들을 바라보십시오. 그것들을 통제하려 하거나 변하기를 바라지 않는다면 당신은 화나지 않을 것입니다. 통제하려는 욕망이 우리를 지치게 합니다. 우리가 열의를 갖고 있어서 고통받는 게 아닙니다. 욕망을 갖고, 그것을 너무 심각하게 받아들여서 고통받는 것입니다.

두 사람이 이 정신 계발의 여정에서 서로 도와주는 평생의 법우가 되기를 바랍니다. 자신의 생각과 이상을 누군가에게 강요하면 큰 갈등을 일으킵니다. 판단하고 비판하는 것역시 큰 도움이 되지 않습니다. 그것은 외로움을 초래합니다. 당신은 상대방을 바꿀 수 없고, 상대방은 당신을 바꿀 수없습니다. 상대방이 바뀌어야 한다고 기대하는 것은 자유로운 대화를 방해할 뿐입니다. 인간관계에서 기대를 적게 할수록 더 좋습니다.

나눔과 배려

　　나눔과 배려는 많은 문제를 풀어줍니다. 이것은 모든 감정을 내려놓게 만듭니다. 사람들은 그들의 감정에서 벗어나고자 원합니다. 그러나 자신이 업신여김 당하지 않을까, 오해받거나 이용당하지나 않을까, 자신에 대한 험담을 하지 않을까, 자신에 대해 모든 것을 알게 되면 사랑받지 못하는 게 아닐까, 이상한 사람이라고 생각하지 않을까 등을 두려워합니다. 그래서 모든 고통·두려움·실망·열망을 간직한 채 일생을 강한 사람인 척하며 살아갑니다. 그러나 판단하지 않고 험담하지 않는 사람을 만났을 때, 자신에 대해 모든 것을 알았어도 계속 사랑해주는 사람을 만났을 때, 자신을 위해 진정으로 배려해주는 사람을 만났을 때, 얼어붙었던 마음은 녹아내립니다.

　　상대방이 원하는 것은 조건없는 포용입니다. 당신은 상대방을 조건없이 포용할 수 있는지요? "만약에 ○○하다면 결혼할 거야.""만약에 ○○하다면 결혼하지 않을 거야." 이런 "만약에 ○○"는 정말로 무섭고 무서운 것입니다.

다른 사람이 "당신을 사랑합니다"라고 말하면 행복해합니다. 그러나 이 말을 완전히 믿지는 않지요. 우리 마음속에는 항상, '상대방이 나 자신에 대해 알게 되면 나를 더 이상 사랑하지 않을 거야. 그것에 대해 준비해야 해. 받아들이지 않을 경우를 대비해야 해'라는 두려움이 있습니다. 우리는 완벽한 신뢰를 갖고 있지 않습니다. 우리는 항상 불확실하니까요. "사랑합니다"라고 말할 때 정말로 확신하는 사람은 없을 것입니다. 당신을 진정으로 이해할 수 있는 사람을 만나기란 드문 일입니다. 당신을 이해해주는 사람이나, 이해하려고 노력하거나 공감해주는 사람이 하나도 없다면 당신은 매우 외로울 것입니다. 세계 80억 인구 중에서 외로운 사람은 얼마나 많을까요? 사람과 사람 사이에 진정한 교감이 있을 수 있을까요? 당신은 다른 사람과 진정으로 교감할 수 있습니까? 다른 사람이 당신에게 다가와 교감하도록 허용하시나요?

당신은 당신을 사랑해줄 사람을 원합니다. 당신은 누군가의 사랑을 받으면서 그리고 누군가를 사랑하면서 당신 자신은 그의 사랑을 받을 만한 가치가 없다고 느낍니다. 때로 이 사랑의 가치를 느끼기 위해서 당신은 당신 자신을 희생합니다. 그러나 이러한 관계는 절대 안정되지도 충족되지도 않습니다. 관계에 있어 안정이란, 성숙하고 자기 자신이 안

정된 사람들에게 가능한 것입니다. 불안과 무가치를 느끼는
사람은 어떤 관계에서도 안정을 느끼지 못합니다.

희생

　우리가 알고 있는 것과는 달리, 사람은 자신을 위해 희생하는 이를 사랑하지 않습니다. 대부분의 사람들은 다른 이에게 신세지고 싶어 하지 않기 때문이지요. 당신이 상대방에게 자신이 얼마나 많은 희생을 하고 있는지를 상기시켜줄수록 상대방은 당신을 더욱 피할 것입니다. 이상하지요? 그렇습니다. 사람들은 이상합니다. 당신이 누군가를 도와주었으면 당신 자신을 위해 그것을 잊어버리도록 하십시오. 만약 그들이 받은 도움을 기억한다면 그것은 그들에게 좋은 일입니다. 만약 그들에게 당신이 준 도움을 상기시킨다면 그들은 당신을 싫어하게 될 것입니다.

　"내가 그를 위해 희생했으니 그는 나를 영원히 사랑할 거야." 아니요! 당신 자신을 속이지 마십시오.

　"당신이 내게 베푼 것 때문에 당신을 사랑해요."

　"내가 그를 용서했으니, 그도 나를 용서할 것이다. 우리는 서로 사랑할 것이다." 이것은 거래입니다.

　상대방이 거짓말을 하는 게 아닌지 의심하며 살지 않

기를 바랍니다. 이것은 정신적·육체적 에너지를 고갈시킵니다. 거짓말쟁이는 무엇이든 할 수 있습니다. 나는 믿지 못하는 사람과는 함께 살고 싶지 않습니다. 나는 실수는 용서할 수 있지만 믿을 수 없는 사람과는 살 수 없습니다. 레잉R. D. Laing의 《정신적 건전, 광기 그리고 가족Sanity, Madness and the Family》을 읽어보십시오. 진실을 말하지 않는 사람과 산다는 것이 얼마나 사람을 힘들게 하는지 알 수 있을 것입니다.

진실한 사람

사람을 돕는 것은 좋지만 진실하지 못한 사람과 깊은 관계를 맺으면 힘들어집니다. 신뢰하지도 않고 존경하지도 않는 사람과 만족스런 관계를 맺을 수 없습니다.

사람들은 사랑받기를 원합니다. 당신도 나도 마찬가지입니다. 그러나 사랑받기 위해 행동하는 것은 다른 문제입니다.

우리가 진정 원하는 것은 조건 없는 사랑입니다. 그런데 우리가 우리 자신을 조건 없이 사랑할 수 있을까요?

당신은 당신 자신을 사랑합니까? 이상한 질문입니까? 우리는 이것에 대해 생각하지 않습니다.

이제 그것은 그저 일상이 되었습니다.

더 이상 짜릿하지 않습니다.

그것이 어땠는지 기억합니다.

불확실성이 있었습니다. 희망이 있었습니다.

나에게 오지 않을 것만 같은 뭔가에 대한

갈망이 있었습니다.

커다란 슬픔이 있었습니다.

삶은 너무나 강렬했습니다.

내 가슴에 극심한 고통, 찢어지는 듯한,

짓이겨지는 고통조차 의미가 있었습니다.

적어도 그것은 내 삶에 어떤 의미를 주었습니다.

완벽한 항복, 철저한 버림,

완전한 이해와 완전한 용납,

하나가 되고 싶은 둘의 갈망,

계획되지 않고 계산하지 않은 자연발생적인 뭔가.

그것을 가졌을 때

나는 뭔가가 빠져있음을 깨달았습니다.

빠진 것은 무엇입니까?

알고는 있지만 정의 내릴 수는 없습니다.

우리가 꿈꾸기만 하는 무엇인가요?

손에 닿지 않을 때에는 너무나 완벽해 보였습니다.

막상 손 안에 들어오고 나니 뭔가 빠져있습니다.

신기루.

_우 조티카

당신이 그들에게 당신의 힘을 넘겨주지 않는 한,
당신을 지배할 힘을 가진 사람은 없습니다.
다른 사람이 당신 마음에 영향을 미치게 허락하고
힘을 준 것은 바로 당신입니다.

당신 스스로 그들이 힘 있고 강하다고 생각하지 않는 한
그들은 당신을 지배할 힘이 없습니다.

진정한 자애

사랑하기가 이해하기보다 더 쉽습니다. 사랑과 이해가 함께한다면 더 좋은 일입니다.

의지하거나 소유하지 않고 사랑하는 법을 배워야 합니다. 진정한 사랑인 자애에는 고통이 없습니다.

인간관계에서 진정한 자애는 꼭 필요합니다. 자애가 없는 관계는 의미가 없습니다. 자애와 더불어 포용·이해·인내가 생깁니다. 우리 누구도 완전하지 못합니다. 우리의 불완전함을 보고 괜찮다고 느끼는 것이 우리의 행복을 위해서 매우 중요합니다. 이는 수행의 진전을 위해서도 중요한 것입니다. 자신의 불완전함을 받아들이지 못하면서 어떻게 다른 사람을 받아들일 수 있겠습니까?

사람들이 서로서로에게 최대한의 자유를 준다면, 기만하거나 거만하지 않는다면 조화롭게 살 수 있을 것입니다.

자애의 힘은 개인을 위한 자애이든, 특정한 사람을 위한 자애이든 간에 정신적인 삶에 큰 영향을 줄 수 있습니다.

진정한 사랑과 깊은 이해는 어떤 감각적 욕망이나 금전

보다 훨씬 만족스러운 것입니다. 더불어 마음챙김과 지혜에 근거한 삶의 방식은 우리 인생을 살 만한 가치가 있는 것으로 만들어줄 것입니다.

다른 사람이 당신에게 친절히 대하기를 바라면서 그들에게 자애를 보내서는 안 됩니다. 당신 자신이 행복하고 평화롭기를 것처럼 다른 사람에게로 같은 마음을 확장하는 것입니다. 다른 방법은 없습니다. 당신 자신을 위해서 좋은 일들이 다른 사람에게도 일어나기를 바라는 것입니다.

우리는 많은 사람으로부터, 가능하다면 주위의 모든 사람으로부터 자애가 필요합니다. 요즘 대부분 사람들은 자애 결핍증후군으로 고통받고 있습니다. 대부분 사람들이 자애·연민·지계·마음챙김·지혜가 없기 때문에 제정신이 아닙니다. 그들은 사치품과 새로운 장난감에 홀려서 자신의 좋은 성품을 보지 못합니다. 악마에게 자신의 영혼을 팔아버렸다고 할 수 있겠지요.

내 딸들에 대하여

사랑과 자애를 말하면서 내 딸들에 대한 이야기를 빼놓을 수가 없군요.

지난 2주 동안 딸들을 만나고 돌아왔습니다. 아주 오랫만에 갖는 만남이라 너무나 기뻤습니다. 마음속으로 조심스레 원하기는 했지만, 실제로 이것이 가능하리라고는 생각하지 못했으니까요. 16일이라는 시간이 어떻게 지나갔는지, 마치 꿈을 꾸는 것 같았습니다.

나를 향한 딸들의 사랑은 내가 예상한 것 이상이었습니다.

큰딸은 매우 총명하고, 감수성이 예민하며, 표현이 풍부합니다. 그 애가 나를 바라보는 시선은 내 가슴을 사랑으로 전율하게 만듭니다. 나는 그 애를 진정으로 안아주고 싶었습니다. 내가 출가해서 비구가 됨으로써 치러야 할 대가가 어떤 것인지를 비로소 알게 되었습니다. 오직 마음챙김만이 내가 바보 같은 일을 하지 않도록 해주었습니다.

딸들이 사는 마을 근처의 수행처에 잠시 머물고 있을 때, 큰딸이 나를 보러왔었습니다. 딸애의 눈에는 금세 눈물이 가득 고였습니다. 나도 목이 메었고 마음속으로 흐느끼고 있었습니다. 가슴이 터져버릴 것 같았습니다. 뭐라고 해야 할지, 떠오르는 것이 아무것도 없었습니다.

나는 어느 누구에게서도 느껴보지 못했던 강력한 사랑을 느꼈습니다.

나는 딸애가 인생을 깊이 이해하고 평화롭게 살기를 바랍니다. 또한 인생이라는 복잡하고 의미 없는, 그리고 고통스런 현상을 잘 극복해갈 수 있기를 바랍니다. 나는 그 애가 원할 때마다 언제나 그 애 곁에 있을 것입니다.

딸애는 내가 떠나올 때 기차역까지 배웅을 나왔습니다. 아이들을 떠나올 때 내 가슴속엔 커다란 빈자리가 생겼습니다. 절실한 감정. 이 말 외에 어떻게 이것을 설명할 수 있을까요? 딸들에 대한 내 사랑은 다른 어떤 사랑보다 크고 깊습니다. 누군가에게 내 가슴이 이토록 열린 적은 없었습니다. 나는 더 이상 내 마음을 열어줄 뭔가가 필요하지 않습니다. 딸애가 내 마음을 활짝 열어놓았으니까요.

둘째 딸은 나와 함께 있는 동안에도 수척했습니다. 말은 하지 않았지만, 나와 오랫동안 멀리 떨어져있을 것을 염려했기 때문인 듯했습니다. 그런 아이를 두고 내가 어떻게 오랫동안 멀리 떨어져있을 수 있을까요? 떠나는 나에게 그 아이가 말했습니다.

"저는 아무것도 원하지 않아요. 아빠를 사랑해요. 단지 좀 더 자주 아빠를 만나고 편지를 주고받을 수 있었으면 좋겠어요. 아빠가 우리를 영원히 사랑해줬으면 좋겠습니다. 저는 아빠가 수행자가 되어서 우리에게 무관심해졌다는 생각이 들어서 오랫동안 너무 슬펐어요."

딸들은 나를 그리워합니다. 물론 나도 그렇습니다.

나는 그들을 사랑합니다. 딸들도 내 사랑을 느낄 수 있다고 말했습니다. 사랑하고 사랑받는다는 것은 얼마나 놀라운가요?

내 인생에서 중요한 일 중 하나는 조건이 허락하는 한도 내에서 아이들과 함께 있는 것입니다. 물론 많은 시간을 그들과 함께할 수는 없습니다. 육체적으로 함께 있는 것만이 함께 있는 것은 아닙니다. 몸은 멀리 떨어져 있어도 정신적으로도 얼마든지 함께 있을 수 있습니다.

내가 딸들을 책임질 수는 없지만, 좋은 친구로서, 스승으로서, 상담자로서 함께하고 싶습니다. 내가 그 애들에게 줄 수 있는 것은 내 가슴과 마음입니다.

인생에서 '완전함'이란 있을 수 없습니다.
오히려 '완전함'을 기대하지 않는 편이 낫습니다.
나 역시 완전하지 않습니다.

앞으로도 그럴 것입니다.

요즘 학교에서의 교육은 진정한 교육이 아닙니다. 교과서보다 중요한 사람의 인성과 개성을 향상시킬 수 있는 방법을 가르치지 않습니다. 금세 잊어버리고 말 지식들만 가르치는 것은 아무런 의미가 없습니다. 나는 딸들이 마음에 대해, 그리고 사람과 사람들과의 관계에 대해, 사람들과 어떻게 얘기하고, 어떻게 듣고, 무엇보다도 올바른 태도에 대해 배울 수 있도록 할 것입니다. 나는 학교에서 가르치지 않는 정말 중요한 것들을 딸들이 깨달을 수 있도록 도와주고 싶습니다.

요즘 내게 흡족한 일은 딸들과 발전된 관계를 가지게 되었다는 것입니다. 나는 딸들과 열린 마음으로 이야기합니다. 딸들 역시 내게 마음을 열고 정직하게 대합니다. 딸들은 생각하는 것이 매우 어른스럽고 정서적으로도 안정되어있으며 친절합니다. 우리는 마음 깊이 서로를 이해합니다. 심지어 텔레파시가 통하는 것 같기도 합니다. 내가 무엇을 느끼는지 그 애들은 정확히 알고 있으며, 나 또한 마찬가집니다. 우리는 서로의 마음을 직관적으로 이해합니다.

이번에 알게 되었는데 딸들이 마음관찰수행cittānupassanā을 하고 있더군요. 딸들이 정말 대견하고 자랑스러웠습니다. 수행을 하면서 점점 더 자신의 생각과 느낌을 알아차려가는 듯했습니다.

나는 딸들이 자신의 마음을 깊이 이해할 수 있도록 도와줄 것입니다. 나는 그들의 가장 좋은 친구입니다. 내가 배운 모든 것, 내가 알고 있는 전부를 그들에게 가르쳐줄 것입니다. 나는 내가 오래오래 살아서 내 딸들과 오랫동안 함께할 수 있기를 바랍니다. 내 딸들에 대한 나의 사랑은 평생 내가 경험한 것 중 가장 깊은 사랑입니다. 그것은 깊은 이해에 뿌리를 두고 있습니다. 어떤 의심도, 주저도, 제한도, 겉치레도 없습니다.

나의 사랑을 내 딸들에게 보냅니다. 내가 넘치도록 줄 수 있는 것은 사랑뿐입니다. 나는 그들과 함께 말하고, 그들의 이야기를 듣고, 그들과 함께 웃습니다. 다시 만날 날을 학수고대합니다.

당신을 행복하게 해줄 사람

당신을 행복하게 해줄 사람을 만날 수 있다고 생각하는 지요? 당신을 영원히 조건 없이 사랑해줄 사람을 찾을 수 있다고 생각하나요?

"타인에 대한 우리의 배려는 우리 자신에 대한 배려이자 우리 모두 공유하고 있는 인간이라는 존재에 대한 깊은 존경이다"라고 합니다. 당신이 자아가 없음을 알 때, 모든 존재는 연기되어있다는 것을 알 때 이 진실을 깨닫게 됩니다.

당신 자신을 해치지 않고서는 남을 해칠 수가 없습니다. 그러니 당신이 남을 도울 때 당신 자신을 돕는 것이며, 남을 배려할 때 자신을 배려하는 것이 됩니다. 이러한 사실을 보고 느끼기 위해서는 먼저 자아의식을 버려야 합니다. 남이 없으면 나도 존재하지 못합니다. 아무것도 아무도 없다면 어찌 될까 상상해 보십시오. 우리가 아는 모든 것들은 어떻게든 우리 삶에 영향을 끼칩니다. 당신이 나와 내 삶에 미친 영향을 상상할 수 있겠습니까? 내가 당신에게 당신 마음에 당신의 삶에 준 영향을 아는지요? 나에게도 마찬가집니다. 당신은 내 삶에 커다란 영향을 주었습니다. 여러 면에서 내 삶을 풍요롭게 해주었습니다.

사랑에 빠졌을 때는 현실적이 될 수 없습니다. 사랑은 무분별합니다. 사랑에 대해서 말할 수 있고 설명할 수 있고 심지어 갖거나 느낄 수 있기 때문에 사랑에 대해 알고 있다고 생각합니다. 사랑은 정말 신비롭습니다. 우리는 사랑을 느낍니다. 사랑에 사로잡힙니다. 때론 이런 자신을 믿을 수가 없습니다. 누군가를 이토록 마음 다 바쳐 사랑한다는 것이 진정 사실인가? 우리는 항상 여지를 남겨두고 있으며 우리 자신을 믿지 못하기 때문에 우리는 누구도 믿지 않습니다.

노예는 살 수 있지만 우정은 살 수 없습니다.

당신이 누군가를 온 마음 바쳐 사랑해보지 못했다면 당신은 아직 완전히 성장한 인간이 아닙니다.

사랑은

사랑에 빠져있다는 것은 마음의 상태가 바뀌는 과정에 있다는 것입니다. 사랑은 이성적이 아닙니다. 사랑은 이성 너머에 있습니다.

당신은 생기가 넘치고 느낌이 넘쳐흐릅니다. 이런 일은 일생에서 한 번 일어납니다. 사랑으로 마음이 열리는 것은 좋은 일입니다. 사랑하다 괴로움이 일어나도 계속 마음을 열어놓으십시오. 우리는 사랑하기를 두려워합니다. 사랑이 거부당하지나 않을까, 진지하게 받아들이지 않는 게 아닐까, 나를 속이지 않을까, 상처받는 게 아닐까를 두려워합니다. 때론 우리 자신을 믿지 못합니다. 누군가를 진정으로 사랑할 수 있다는 것을 믿지 못합니다.

모든 느낌 그대로 나오게 두십시오. 이때 당신의 느낌을 간략하게 적어두는 것도 괜찮습니다. 상대방을 더 잘 알도록 노력하십시오. 상대방도 하나의 인간입니다. 인간 모두는 결점이 있고 자신이 그렇듯이 상대방도 마찬가집니다. 상대방 전체를 이해하기 위해 노력하십시오. 좋아하는 이유가 있어 사랑하거나 상대방의 일부분 또는 상대방에 투영된 자신 때문에 사랑하지는 마십시오.

사랑은 아픈 상처입니다. 사랑은 상처를 주지만, 사람들은 그 상처로부터 떠나고 싶어하지 않습니다. 사랑은 특별합니다. 사랑은 고통이며 행복입니다.

어떻게 당신의 마음을 여는지, 어떻게 상처받는지, 어떻게 상대방을 사랑하게 되는지, 어떻게 모든 관습에서 벗어나는지, 어떻게 모든 한계를 벗어나는지, 이 한계 너머에 있는 것을 어떻게 찾는지. 이와 같은 것을 어느 누구도 당신에게 가르쳐줄 수 없음을 당신은 알아야 합니다.

사랑에 빠진 당신은 완전히 다른 세계에서 다른 가치관으로 살고 있습니다. 당신은 다른 사람이 되었으며 그 전의 상태로 돌아갈 수는 없습니다. 변화는 뒤집을 수 없습니다.

"때때로 실재가 무엇인지 더 이상 알지 못하는 느낌이 듭니다." '실재reality'에 대한 것이 무엇인지 알았습니까?" 우리가 실재에 대해 생각하는 한 우리는 실재와 떨어져있습니다. 실재와 하나가 되었을 때 더 이상 실재에 대하여 생각하지 않습니다.

이생에서 진정으로 원하는 것이 무엇인지를 알기 위해 시간을 갖고 자신의 마음을 깊이 보십시오. 인간관계에서 당신이 기대하는 것은 무엇입니까? 무엇을 찾고 있습니까? 당신이 무엇을 찾고 있는지 모르면 결국은 당신이 원하지 않는 것을 갖게 될 것입니다.

　사랑하는 사람들 서로가 진정으로 열린 마음으로 정직하게 지내기를 바랍니다. "영원히 행복하게 잘 살았다"라는 것은 동화 속에나 있습니다. 삶에는 항상 예기치 못한 문제가 있기 마련입니다. 우리는 그 문제들을 지혜롭게 푸는 방법을 배울 필요가 있습니다.

　때로는 문제 있는 것도 필요합니다. 함께 어려운 시기를 같이 느끼고 인내해나가면 더 가까워지고 서로를 더 잘 이해하게 됩니다. 서로에 대한 이러한 이해는 관계를 좀 더 의미 있고 오래가게 해줍니다. 짝사랑은 충분하지 못합니다. 서로서로의 느낌·바람·꿈·두려움·희망 등을 깊이 이해하는 것이 중요합니다.

　대부분 사람들은 따뜻하게 사랑하는 것의 의미를 모른 채 살다가 죽습니다. 그들은 이 같은 생각을 노래합니다.

사랑은 아픈 상처입니다.
사랑은 상처를 주지만,
사람들은 그 상처로부터 떠나고 싶어하지 않습니다.
사랑은 특별합니다.
사랑은 고통이며 행복입니다.

나이팅게일이

사랑노래 부를 때

가시로 자기 가슴을 찌른다고

사람들은 말한다.

우리 모두 그러한 걸.

달리 노래할 방법 있을까?

_칼릴 지브란

분명한 이해

인간관계를 건강하고 만족스럽고 오래 가게, 또한 생동감 있고 진부하지 않게 만들어주는 것은 무엇일까요? 나는 그것이, 다음과 같은 것들이라고 생각합니다.

마음속 깊은 화합, 서로에 대한 직관적 이해, 비언어적 의사소통, 모든 이성을 초월한 신비로움, 이 생에서 두 사람이 만나게 되어있었다는 것을 이해하고, 서로 도움, 사랑스런 보살핌, 서로의 이해가 성장하고 성장해서 두 마음이 완전히 솔직해지는 것을 아는 것, 두려움·비밀이 없는 완전한 신뢰, 게임이나 역할 놀이가 아니고 노출되어있음 같은 것들.

그런데 이것이 어떻게 하면 가능할까요?

이것이 가능하려면 먼저 집착을 버려야지요. 그리고 사람이나 사물에 대한 집착을 놓아버리려면 먼저 마음속 집착을 보아야합니다. 집착을 아는 것이 중요합니다. 집착을 깊게 알아야만 집착으로부터 마음이 자유로워집니다. 집착의 본질을 보지 못한 채 집착을 놓아버리라고 마음에게 강요하면 집착은 다시 돌아올 뿐입니다. 분명하게 보고 깊이 이해하는 것이 집착을 극복하는 유일한 길입니다. 강요된 초연함은 진정한 초연함이 아닙니다.

대부분 사람들은 상처받지 않으려고 보이지 않는 단단한 껍질로 뚫고 들어올 수 없게 자신의 주위를 둘러싸왔습니다. 그러고는 돈이나 사회적 지위, 아니면 욕망·마약·술·섹스 등에서 만족감을 찾고 있습니다. 그들은 자신을 사랑하거나 깊이 이해해주는 사람이 없기 때문입니다. 보통 사람들은 겁이 많아서 마음을 열고 노출되어있을 수가 없습니다.

강요된 또는 인위적인 사랑·연민·만족·겸손 등도 있을 수 있습니다. 강요된 사랑과 겸손 뒤에는 성냄·두려움·자만이 있습니다. 대부분 실제로 숨어있습니다. 이 성냄·탐욕·자만 등을 보는 것이 더 중요합니다. 철저히 본다는 것은 철저히 버린다는 것을 의미합니다.

사람들은 피상적입니다. 마음챙김하지 않고 이기적이고 남을 배려하지 않고 어리석고 자만과 질투가 많습니다. 이런 세상에서 살고 있습니다. 세심하고 지적인 사람들은 이런 사람들과의 만남에서 필연적으로 고통받게 됩니다. 사람들에 대한 관용과 깊은 이해가 중요합니다. "정신이 나간 속물들"이라고 말씀하신 붓다의 말씀을 기억해야 합니다.

어리석은 사람들

우리는 제정신이 아닌 세상에서 정신이 나간 사람들을 상대하고 있습니다. 인간은 나이를 먹는다고 반드시 성숙해지는 것은 아닙니다. 그래서 때로는 몸집만 커버린 아이를 상대해야 합니다. 그렇다고 그들로부터 도망칠 필요는 없습니다. 지혜와 친절로 그런 사람들과 관계 맺는 방법을 찾아야 합니다.

다른 사람들과 공통된 것이 없으면 그들과 나눌 말이 없습니다. 당신은 소외감을 느낄 것입니다. 친구가 되고 싶은 사람들과는 어떤 공통점이 있습니다. 당신이 관심을 가지면 그들도 당신에게 친밀감을 느낄 것입니다.

먼저 판단하지 말고 그냥 사람들의 이야기를 듣는 방법을 배우십시오. 당신이 그들의 문제를 해결해줄 필요는 없습니다. 마음을 열고 친절하게 대하시고 들어주십시오.

그러나 가능하다면 어리석은 자와 사귀는 것을 피하십시오. 특히 그들의 어리석은 조언을 따르지 않도록 주의하십시오. 하지만 그들과 갈등에 빠지지는 마십시오. 우리는 어리석은 자들의 세상에서 살고 있으니까요. 어리석은 자와 사귀면 언젠가는 어려움에 빠지게 될 것입니다. 대부분 사람들은 나쁜 조언을 한 번도 준 적이 없는 붓다의 말씀을 진지하게 받아들이지 않습니다.

> "어리석은 자와 사귀지 말라."
>
> _고타마 붓다

어리석은 자를 확인하면 그들을 피하십시오. 그들에 대한 많은 생각으로 자신을 불행하게 만들지 마십시오. 독사를 피하듯이 어리석은 사람들을 피하십시오. '어리석은 사람'이란 자신에게도 해롭고 남도 해롭게 하는 짓, 즉 악행을 하고, 살생을 하고, 남의 것을 훔치고, 거짓말하고, 삿된 음행과 술과 약에 취해 사는 자를 말합니다. 무엇이 사람을 어리석게 만드는 걸까요?

사람들은 시간이 지날수록 늙어가지만
성숙해지기는 어렵습니다.
어지러운 세상에서 어리석기는 쉬우나
지혜롭기는 어렵습니다.

어리석은 이를 멀리하고 지혜로운 이를 가까이 하십시오.

좋은 친구

좋은 친구를 찾았다면 같이 지내십시오. 그렇지 않다면 혼자서 사십시오. 어리석은 자에게 우정은 없습니다.

아주 소수지만 정직하고 진실한 사람들이 있어서 행복합니다.

사람들의 좋은 면을 보려고 노력하십시오. 사람들이 더 나빠질 수 있지만 아직 최악의 상태는 아니지 않습니까? 사람들에게 나쁜 면이 있다는 사실을 받아들이고 나면 누군가에게서 좋은 면을 발견했을 때 감사하게 됩니다.

치유시간

　인간관계에서 생긴 상처가 치유되기까지는 시간이 필요합니다. 좀 더 마음챙김하고 마음을 편히 하십시오. 마음은 그러한 좌절에 오랫동안 반응해왔습니다. 그 오랜 행위와 반응을 버리기 위해서는 많은 마음챙김과 인내가 필요할 것입니다. 시간이 얼마나 걸리든 인내하고 자신에게 친절하십시오. 변화는 강요할 수 없습니다. 변화는 맞이하는 것입니다. 당신의 성격도 변할 것입니다.

　사람에게 일어날 수 있는 가장 나쁜 것은 자신에 대한 존중을 잃는 것입니다.

　자기 자신을 조건 없이 사랑하지 않고 정신적으로 독립하지 못한 사람은 다른 사람을 진정으로 사랑할 수도 없고 사랑하지도 않습니다. 사랑하기 위해서는 반드시 자신이 자유로워져야 합니다.

유일한 의지처

나에게는 나를 사랑하고 존경해주는 친구들이 있습니다. 그러나 그들은 내가 누구인지 모르고, 인간으로서의 나를 이해하지도 못합니다. 그들은 알 수 없으니까요. 내가 누구인지 모른다고 하여 그들을 탓하지 않습니다. 그들은 내가 누구라고 생각하는, 거짓된 이미지뿐인 자신의 투영된 그것을 좋아합니다. 나는 내가 누구인지 알까요? 내가 나라고 생각하는 것 역시 내 마음의 투영일 뿐입니다. 이러한 질문에 답을 찾으려고 애쓰기보다는 순간순간 마음챙김하는 것이 훨씬 낫습니다. 마음챙김이 나의 유일한 의지처입니다.

외로움

나는 사람들이 얼마나 외로운지 압니다. 당신이 얼마나 외로운지도 압니다. 나 자신이 얼마나 외로운지 알기 때문입니다. 나는 내 인생을 조용하고 평화롭게 홀로 사는 법을 배웠습니다. 하지만 누군가와 진정 마음과 마음으로 만나는 것은 감사한 일입니다.

나는 많은 고통을 겪고 비구가 되었습니다.

나는 비구가 되어 더 많은 고통을 겪었습니다.

나는 비로소 인간이 되었습니다.

친구를 갖는다는 것은 중요하고 좋은 일입니다. 당신을 속이지 않는 친구, 당신의 말을 잘 들어주고 이해하는 친구, 말을 막거나 딴 생각하지 않고 이야기 들어줄 수 있는 시간을 가진 친구, 주의 깊고 세심하게 당신 말에 귀 기울여주는 친구, 이러한 사람이 친구입니다. 대부분 사람은 마음이 산란하고 알아차리지 못하며 불행해합니다. 그들은 이미 그들 자신의 문제로 가득 차있습니다.

당신이 평온하지 못한데 어떻게 다른 이의 말을 들을 수 있습니까?

사람들이 가족 혹은 대가족과 함께 살고 있더라도 외롭다는 사실을 내 경험으로 알고 있습니다. 외로움은 주위에 누군가가 있다고 해서 사라지는 것이 아닙니다. 깊은 이해를 받지 못하고 인정받지도 못할 때 외로움이 있습니다. 가족 간에도 서로 이해하지 못하면 가족 구성원을 받아들이지 못합니다.

문제의 원천은 자기 자신을 깊이 알거나 이해하지 못하고 자기 자신을 인정하지도 않는 데 있습니다. 우리는 항상 자신의 일부분을 거부하고 있습니다. 자기 자신을 조건 없이 사랑하고 존중할 수 있을까요?

자기 자신을 깊이 알지 않고서는 이 문제를 푸는 방법은 없습니다. 자기 자신과 깊이 교감하고 나면 새로운 삶의 전환을 맞을 것입니다. 그러기 위해서는 좋은 친구가 필요합니다. 그 친구 또한 자기 자신과 깊이 교감하고 있고, 자기 자신에 대해 만족하고, 있는 그대로 보는 것을 두려워하지 않아야 합니다. 대부분 사람들은 거기에 없다고 속이는 것을 보는데 익숙한 좋은 친구가 필요합니다. 좋은 친구를 갖는 것은 바닷속 깊이 잠수하는 것과 같습니다. 바닷속에서 당신은 이전에 상상해본적도 없고 생각하지도 못한 형상과 색깔, 아름다운 것들을 보게 될 것입니다.

　　루비를 찾고 있는 사람에게 다이아몬드는 보이지 않습니다.

자신의 한계

　　당신이 할 수 있는 최소한의 양으로 사람들을 돕는 것이 좋습니다. 매우 많은 시간과 노력을 들이지 않고도 할 수 있는 양만큼 말입니다. 그래야 피곤하거나 지치지 않습니다.

　　도울 수 있거나 도울 기회가 생기면 자주하되 항상 하지는 마십시오. 당신이 할 수 있는 최대한으로 돕는다면 머지않아 계속할 수 없다고 느낄 것입니다. 이것은 점점 더 많아지게 되니까요.

　　당신의 한계를 다른 사람에게 말해주지 않으면 그들은 점점 더 많은 것을 당신에게 요구할 것입니다. 그러면 결국에 당신은 이용당하고 있다는 느낌이 들것이고 좌절감으로 반응하게 될 것입니다. 이것은 당신과 그 사람들과의 관계에 상처를 입힐 것입니다. 나는 항상 사람들에게 나의 한계에 대해 말해줍니다.

　　당신이 다른 곳에 간다면 처음부터 한계를 정하고 일정을 철저하게 짜십시오. 너무 좋게만 대하면 너무 씁쓸하게 끝납니다. 당신이 잘 맞추어주려고 했던 사람들과 미워하며 끝나게 됩니다. 가족을 포함한 모든 사람이 우리에게 너무 많은 것을 기대하고 있고, 그것을 당연하게 여깁니다.

당신이 그들에게 당신의 힘을 넘겨주지 않는 한, 당신을 지배할 힘을 가진 사람은 없습니다. 다른 사람이 당신 마음에 영향을 미치게 허락하고 힘을 준 것은 바로 당신입니다. 그들에 의해 영향 받고 싶지 않은 이상 그들은 힘을 잃었고 당신을 지배할 힘도 없습니다.

당신 스스로 그들이 힘 있고 강하다고 생각하지 않는 한 그들은 당신을 지배할 힘이 없습니다. 그들이 겁 많고 무기력하고 의존적이라는 게 안 보입니까? 당신이 그들에게 왕관을 씌워주면 그들은 왕이나 여왕처럼 행동할 것입니다.

그들을 내려놓으면 그들은 보통사람과 다름없이 힘없고 약하며 겁 많고 의존적인 외로운 사람이라는 걸 알게 될 것입니다. 우리 자신이 스스로 자기방어를 없앴을 때 우리는 진정으로 우리가 누구인지 보게 됩니다. 나는 당신과 많이 다르지 않습니다. 진정한 힘은 자신을 이해하는 데서 옵니다.

나는 어떤 것도 소유하고자 하는 욕망이 없습니다.

행복해지려고 하는 노력을 멈출 때
진정으로 행복할 수 있습니다.
행복은 만드는 것도, 짜 맞추는 것도,
당신이 소유할 수 있는 것도 아닙니다.

소중한 우정

우정을 매우 소중히 여깁니다. 내게 있어 우정은 지금 당장 놓아버리기 어려운 것입니다. 나는, 자애는 유지하고, 집착은 놓아버리기 위해 노력하고 있습니다. 나는 한때 나의 앎과 가치관의 변화로 인해 친구를 잃을까봐 두려웠습니다. 그러나 지금은 서서히 그것을 받아들일 수 있습니다. 나 자신에게 진실해야 합니다.

CHAPTER 2

고독에 대하여

당신은 스스로 편안함과 안정감을 느끼고, 정신적으로도 자유로우며, 다른 사람들의 기대로부터 자유로울 수 있는 곳에서 살아야만 합니다. 진정 당신이 당신일 수 있는 곳, 다른 사람을 기쁘게 하기 위해서 인위적으로 말하고 행동할 필요가 없는 그런 곳에서 말입니다.

고독이 자라게 하는 법

내 깊은 곳에 평온이 있습니다. 그곳에 들어갔을 때 진정한 자유, 홀로있음과 평화를 찾았습니다. 거기서 나왔을 때 나는 새로워지고, 깨끗해지고, 청정해졌습니다. 그 후 나는 모든 것을 좀 더 선명하게 볼 수 있었고, 내가 지금 어디에 있고 어디로 가는지를 깨달았습니다.

나는 고독의 특권을 소중히 여깁니다.

_칼 로저스

우리는 육체적 고독뿐 아니라 정신적 고독 또한 받아들여야 합니다.

육체적 고독이란 홀로있음을 의미합니다. 그렇다고 사람들과의 만남 자체를 피해야 한다는 말은 아닙니다. 그보다는 홀로 있는 시간을 가져야 함을 뜻합니다.

정신적인 고독이란, 다른 뭔가를 생각하지 않고 기민하게 깨어있음을 의미합니다. 여기서 '다른 뭔가를 생각하지 않는다'는 말을 잘 이해하지 못할지도 모르겠습니다. 어떤 이들은 아무것도 생각하지 않을 때는 잠들거나 멍해지거나 졸린 상태가 된다고 생각합니다. 하지만 나는 그렇게 생각하지 않습니다.

사람들은 고독의 중요성을 이해하지 못합니다. 자신에게 재미를 주거나 어떤 식으로든 자극을 주는 사람과 함께하고 싶어합니다. 즐길거리에 대한 갈애渴愛 탓에 즐길거리가 없으면 지루해합니다. 정신이든 육체든 자극을 열망하는 것입니다.

아무런 자극도 주지 않을 때 사람들은 견딜 수 없어 합니다. 그래서 홀로 있을 때에도 책을 읽거나 TV를 보거나 라디오나 음악을 듣거나, 과거에 있었던 일이나 앞으로 할 일들을 생각합니다. 아무것도 하지 않고 그저 홀로 있는 것이 생산적인 일이라고 생각하는 사람들은 단 한 명도 없을 것입니다.

지혜는 고독의 결실
고독은 재충전
삶은 내 마음의 깊은 고요 속에서 흘러나오고
모호한 그 밖의 모든 것은
부수적으로 일어나는 시시한 것   _우 조티카 나는 지금 일주일 전에 도착한 M이라는 마을에 있습니다. 이곳은 숲속에 있는 쾌적하고 조용하며 소박한 곳입니다. 이 작은 마을에는 농부들만 삽니다. 소박한 장소에 순박한 사람들이 모여 사는 것입니다.

　　이곳에는 다양한 새들이 있습니다. 방안에 앉아있거나 숲을 거닐다 보면 갖가지 새들이 귓전을 따갑게 합니다. 또한 나뭇잎을 흔드는 바람 소리에 내 마음은 어느새 고요해지고 평온해집니다. 바쁘고 시끄러운 도시와는 다른 곳, 이곳은 완전히 다른 세계입니다.

내일도 오늘 같은 하루

때로 나는 진정한 대화를 나눌 수 있는 친구가 있으면 좋겠습니다. 그렇다고 내 주위에 사람이 없다는 뜻은 아닙니다. 내가 어디를 가든 사람들이 나를 보러 옵니다.

그들은 나를 만남으로써 마음챙김하도록 자극을 받고 격려를 받고 힘을 얻습니다. 힘을 얻지는 못하더라도 최소한 그들이 늘 대화하는 사람들, 즉 도발적이고 과격하고 도전적인 사람들과의 대화에서 느끼는 단조로움에서 일시적으로나마 가슴이 트이겠지요.

이렇게 다가오는 사람들 중에는 내게 많은 것을 베풀며 나를 위해 애써주는 사람도 많습니다. 하지만 나와 진정으로 의미 있는 것을 함께 나눌 수 있는 사람이 여기에는 없습니다. 어쨌든 나는 내 생각을 스스로 챙기고 평화롭게 사는 방법을 배웠습니다.

세상은 제정신이 아닙니다. 하지만 그런 세상에서 내가 무엇을 할 수 있을까요? 아무것도 없습니다. 세상의 잘못된 일에 대해 지나치게 흥분하면서 시간과 에너지를 낭비할 필요는 없습니다. 완전한 곳은 어디에도 없습니다. 물론 건강한 비판은 소중합니다. 그러나 중요한 것은 마음의 소박함을 분노에 휩쓸려 잃어버리지 않도록 조심하는 일입니다.

천천히 비가 내립니다. 바람이 불지 않는 터라 더욱 고요한 기분에 젖어드는군요. 나무들은 작년보다 훨씬 높이 하늘에 닿아있고, 몇 년이 지나면 이곳은 울창한 숲이 될 것입니다.

이곳에선 우기를 제외하고는 늘 상쾌한 봄비와 화창한 날씨가 계속됩니다. 채식을 위주로 한 좋은 음식도 풍성합니다. 내게 필요한 모든 것이 있습니다. 내가 하고 싶은 일을 할 수 있는 시간도 충분합니다. 침대와 안락의자, 책, 비상약, 종이와 펜이 있고, 큰 창문이 달린 방도 있습니다. 나를 방해하러 오는 사람들은 없습니다.

한낮이지만 이곳은 적막합니다. 귀뚜라미와 소의 목에 걸린 방울 소리만 이따금씩 들릴 뿐입니다. 수행자들은 지금 각자의 오두막에서 수행하고 있습니다. 내가 아는 한, 이곳은 분열이 없는 곳입니다. 모든 것이 풍족합니다. 아! 모든 것이 완벽합니다. 나는 이곳에서 무한한 행복을 느낍니다. 차의 향연을 홀로 즐깁니다.

지난달에 나는 꽤나 이상한 꿈을 꾸었습니다. 꿈 속에서 나는 한 뭉치의 종이와 티켓을 들고 공항 검색대를 지나 비행기를 타고 미국으로 향하고 있었습니다. 아마도 여기에 머무르고 있는 나의 무의식에 이곳을 떠나고 싶다는 생각이 자리를 잡고 있었나 봅니다.

그러고 보면 완전한 곳은 아무 데도 없습니다. 하지만 이곳은 아주 좋습니다. 이곳 사람들과 수행자들은 나를 친절히 대해줍니다. 이들이 아플 때는 내가 그들을 돌봐주기도 합니다. 그들은 나를 의사라고 생각하지요. 그러나 약을 구하지 못하는 것이 안타깝습니다.

이 숲속에는 세 개의 오두막이 있습니다. 그중에 지금 내가 있는 곳이 가장 외딴곳입니다. 그래서인지 사람 발길도 거의 없습니다. 몇 사람만 볼일을 보러 다녀갈 뿐입니다.

우리는 필요한 것이 많지 않습니다. 웬만큼 필요한 것은 모두 가지고 있습니다. 부족한 것이 있다면 보고 싶은 책인데, 이곳에서는 쉽게 구할 수가 없습니다. 그래서 지적 호기심을 채우고자 하는 열망도 놓아버려야 할 것 같습니다.

이곳에서의 내일은 오늘과 별반 다르지 않습니다. 그런 하루하루가 반복됩니다.

다른 곳에서는 너무나 빨리 흐르는 시간이, 이곳에서는

가야 할 길을 잃어버린 듯합니다. 바깥세상은 빠른 시계추와 함께 바삐 돌아가지만, 이곳은 해야 할 것도 중요해 보이는 것도 없습니다. 모든, 거의 모든 것들이 실재하지 않고 정지되어있는 것처럼 느껴집니다.

정말, 이곳이 내게는 지상의 낙원입니다. 평화롭고 조용한 이곳의 삶 덕택에 사물이나 사람을 향한 집착도 줄어듭니다.

집착이 인간의 삶을 얼마나 황폐하게 만드는지 당신은 알고 있나요?

새들은 내 손님들

하늘에 구름이 몇 점 걸려있습니다. 이슬비가 내립니다. 조용합니다. 이따금 새들의 울음소리가 정적을 깨뜨리곤 합니다. 어느새 말라버린 나뭇잎은 부드러운 바람결에 맞춰 몸을 뒤척입니다. 나무들은 잎이 져버린 팔을 위로 치켜든 채 환영하듯 비를 맞아들입니다.

지평선 가까이에 뭉게구름이 보입니다. 공기는 시원하고 바람은 상쾌합니다. 달이 떠오릅니다. 보름달이 뜨는 밤은 너무나 아름답고 평화롭습니다.

나는 홀로 산책을 했습니다. 이곳에서 지내는 동안 '걱정'이나 '고민'이란 단어는 자취를 감췄습니다. 이곳 어디에 그런 것들이 자리를 잡을 수 있겠습니까? 다만 저의 상상일 뿐이지요.

오전 4시 45분, 이른 아침입니다. 숲속의 모든 새들이 노래합니다. 이 수행처에는 셀 수 없이 많은 새들이 있는데,

하나같이 쾌활해 보입니다. 날씨가 따뜻해져서인지, 새들이 즐겨 목욕을 합니다. 그래서 새들이 목욕을 하고 마실 수 있도록 작은 오지 항아리 두 개에 물을 담아 방 앞에 내놓았습니다.

새들이 내가 담아놓은 물에서 행복해하는 것을 보니, 내 마음도 행복해졌습니다. 그래서 물과 함께 먹이도 주었습니다. 그랬더니 이번에는 더욱 많은 새들이 먹이와 물을 찾아 내게로 왔습니다.

새들이 거저 먹이와 물을 취하는 것은 아닙니다. 새들은 내게 노래해주면서 걱정하지 말라고, 인생을 한 번에 한 순간씩 순간순간을 충실하게 살라고, 너무 많은 생각으로 마음을 혼란스럽게 하지 말라고, 삶을 있는 그대로 받아들이고 어느 순간에건 죽음을 맞이할 수 있도록 준비하고 있으라고 일깨워줍니다.

한 번에 한순간만 사십시오. 너무 많이 생각해서 마음을 혼란하게 하지 마십시오. 삶을 그 자체로서 받아들이고, 또한 어느 순간에든 죽음을 맞이할 수 있도록 준비를 하고 있어야 합니다. 사람들은 인생이 힘들다고 말합니다.

아무 일도 할 필요가 없는 사람들에게조차 삶은 힘든 것입니다.

한 번에 한순간만 사십시오.

"나는 지금 행복해"라고 말할 수 있다면,
당신은 행운아입니다.

하지만 삶으로부터 즐거움을 찾고, 또한 많은 것을 배울 수 있습니다. 당신이 선택한다면 회전목마와 같은 존재의 윤회에서 벗어날 수도 있습니다.

나는 괴테를 아주 좋아합니다. 그는 창조적인 사람이었습니다. 그는 자신을 창조했습니다. "사람은 매일 최소한 가벼운 노래를 듣거나 좋은 시를 읽거나 멋진 그림을 보고, 그리고 가능하다면 합당한 말 몇 마디만 하라."

단순하고 평화로운 무소유의 삶

나는 지금 내 작은 오두막 베란다에 앉아있습니다. 따뜻한 물로 목욕한 후 잠시 쉬고 있습니다. 지금 이 시간, 이곳은 너무나 조용해서 멀리 떨어진 나무 위에 앉아있는 한 쌍의 비둘기의 노래까지도 들을 수 있습니다. 심지어 나뭇가지를 스치는 바람 소리도 들리는군요.

가끔 나는 이런 상상을 해보곤 합니다. 깊은 산에서 적당한 동굴을 하나 찾아내서는 홀로 사는 모습을 말입니다. 그렇게 산다면 진정 행복해질 것 같습니다. 하지만 금세 진정한 만족을 가져다줄 수 있는 것은 아무것도 없다는 결론에 다다르곤 합니다.

나는 조용하고 평화로운 삶을 살기 위해서 모든 책임으로부터 벗어났습니다. 나는 평화와 자유, 삶에 대한 깊은 이해를 원합니다. 수행원이나 제자를 둔다거나 명예에는 관심이 없습니다. 나는 평화, 자유, 삶의 깊은 이해를 원합니다.

단순함과 고요함과 평화로움, 그리고 무소유의 삶을 추

구하는 내 삶의 방식을 당신이 이해해주셨으면 합니다. 나는 내가 소유한 것 대부분을 버렸습니다. 단순하게 살 때 마음은 편해집니다. 물론 내가 아직 가지고 있는 것도 있습니다. 그것은 료칸良寬(1758~1831, 일본 에도 시대의 선종 승려이자 시인), 소로Henry David Thoreau(하버드 대학 출신으로 명예와 부에 초탈했던 《월든Walden》의 작가), 제노Zeno(가톨릭 성자), 그리고 율법vinaya을 가르쳐주신 스승님 같은 나의 벗들이지요.

당신은 편안함과 안정감을 느끼고, 정신적으로도 자유로우며, 다른 사람들의 기대로부터도 자유로울 수 있는 곳에서 살아야 합니다. 진정 당신일 수 있는 곳, 다른 사람을 기쁘게 하기 위해서 인위적으로 말하고 행동할 필요가 없는 그런 곳에서 말입니다.

우리는 다른 사람들로부터 인정받고 싶어합니다. 그러나 내게는 그 누구와도 나눌 수 없는 허전함이 있습니다.

나는 오랫동안 홀로 사는 법을 배웠습니다. 때때로 나의 깊은 앎을 표현하고 싶은 충동을 느끼기도 합니다. 하지만 내 말을 듣고 나서 제대로 이해할 사람을 찾기는 어렵습니다. 내 이야기를 온전히 듣고 함께 나눌 수 있는 유일한 사람은 바로 나입니다. 그래서 나의 이야기를 나 혼자 듣습니다.

숲으로 산책하러 나갔습니다. 매우 조용합니다. 새들의 지저귐만 있을 뿐 아무도 만나지 않았습니다.

인간은 무명無明 속에 있습니다. 나는 나를 찾기 위해 나 아닌 것들을 떨쳐내려고 노력합니다. 세상으로부터 나를 분리시키기 위해 산을 오르는데 산을 높이 오르면 오를수록 사람을 만나기가 어렵습니다.

등산가여! 당신은 고독을 견딜 수 있습니까?

경이롭고 신비로운 삶

나의 삶은 단순하고 평화롭습니다.

이곳에는 세 명의 비구가 있습니다. 우리 모두는 지금의 생활에 만족하며, 스스로 자기 자신의 마음과 깊게 교감합니다. 자기 마음에서 무엇이 일어나는가를 아는 것은 온전한 정신을 유지할 수 있는 유일한 방법입니다. 나는 하루 중 몇 시간은 책을 읽는 데 보내고, 대부분의 시간에는 수행을 합니다. 저녁에는 산책을 하거나 친구들과 이야기를 나눕니다.

비구로서의 삶이 항상 행복한 것은 아닙니다. 하지만 어떤 일이 있어도 가사를 벗지는 않을 것입니다. 나는 비구로서의 삶과 숲속에서의 삶을 진정으로 사랑합니다.

내가 생각하기에 나는 타고난 은둔자이고 수행자인 것 같습니다. 친구들과 깊은 대화를 나누는 것을 좋아하며, 수행을 하면서 보내는 시간을 사랑합니다. 내가 수행자이기 때문에 포기해야 하는 삶도 너무나 안타깝지만, 수행자이기 때문에 누릴 수 있는 삶이 없었다면 나의 삶은 이미 혼란 그 자체가 되었을 것입니다.

아침에 일어나면 눈부신 태양이 지평선을 뚫고 떠오릅니다. 빛이 구름 사이를 뚫고 온 세상을 밝게 비춥니다. 지금 내가 두 발을 내딛고 살고 있는 이곳이 얼마나 신비로운지 모릅니다. 바로 이곳에 아름다운 것들이 지천으로 깔려있습니다. 아름다움은 순간이지만 그래도 좋습니다.

당신은 삶에서 신비로움을 느끼지 않습니까? 우리 주위의 모든 것은 신비로움 그 자체입니다. 나도 당신도 신비로움입니다. 심지어 신성하기까지 합니다.

나는 한순간 한순간 경이로움을 느끼며 살아갑니다. 세상 어느 것 하나 놀랍지 않은 것이 있는지요!

어떤 사람들은 인생이 끔찍하다고 합니다. 어떤 면에서는 맞는 말입니다. 인생은 끔찍하기도 하고, 아름다운 것이기도 하지요. 나는 살아있음을 느끼기에 너무나 행복합니다.

최근에야 나는 새로운 삶의 방식을 터득했습니다. 내 삶은 이제 막 새롭게 시작되었습니다. 나는 나 자신, 내 인생, 이곳의 친구들, 모든 사람들에게 진정으로 감사하게 되었습니다. 푸른 하늘, 흰 구름, 나무들, 새들에게도 마찬가집니다. 나는 삶과 사랑에 빠졌습니다.

삶에는 고통이 따르기 마련입니다. 그래도 좋습니다. 고통은 내가 삶에 지불해야 할 대가니까요. 이렇게 아름다운 인생을 사는데 그만큼의 대가 없이 살기를 바란다면 너무 이기적이지 않을까요?

나는 진정으로 삶에 감사합니다. 내가 그동안 받아왔던 모든 기쁨과 모든 고통에 대해 감사를 드립니다. 물론 지금까지 받은 것보다는 앞으로 받아야 할 고통과 기쁨이 더 많다는 것 역시 잘 알고 있습니다.

오두막 근처 대나무 숲에 열다섯 개 정도의 죽순이 새로운 싹을 틔웠습니다. 예쁘고 크고 통통하고 사랑스런 죽순들입니다.

매일 아무 탈 없이 잘 자라고 있는 죽순들을 보노라면 나는 너무나 행복합니다. 그 죽순들은 단순히 죽순이 아닌, 나의 일부분 같습니다. 나는 죽순을 사랑합니다.

나는 단지 눈으로만 보고 귀로만 듣지 않습니다.

나는 가슴으로 느낍니다.

나는 그들이 얼마나 따뜻한지, 차가운지,

부드러운지, 완고한지를 압니다.

또한 그들이 깨끗한지 아닌지, 아는 척하는지 아닌지도 알고요.

존재하는 모든 것에 감사를

차 한 잔을 마시고 있습니다. 맛과 향기가 뛰어납니다.

맛과 향을 담고 있는 잔 또한 아름답습니다. 표면에 돌기가 있는 초록빛의 갈색 잔인데, 요즘엔 차를 마실 때마다 이 잔에 마시게 됩니다. 분명 나는 이 찻잔과 사랑에 빠졌나 봅니다. 어쩌면 차를 마시고 취한 것인지도 모르겠군요.

친구가 보내준 시집을 받았습니다. 《스톤하우스의 산시 *The Mountain Poems of Stonehouse*》입니다. 나는 이 시들을 너무나 좋아합니다. 매우 갖고 싶었던 책이었지요. 친구는 내가 어떤 시를 좋아하는지 잘 알고 있습니다.

나는 료칸만큼이나 스톤하우스Stonehouse Red Pine [1943~, 불교와 도교에 관한 한문 경전들을 주로 번역하는 미국 작가. 적송赤松, Red Pine은 필명]를 사랑합니다. 그들의 시를 모두 곁에 두고서 생각이 날 때마다 읽곤 합니다. 실제로, 나는 그들과 같은 삶을 살고 있습니다.

차 한 잔을 더 마셨습니다. 아! 이 순간, 너무나 행복하군요.

오늘은 구름 한 점 없이 화창한 날입니다. 따사로운 햇살 아래 새들이 서로를 불러댑니다. 인간과는 달리 새들은 진정으로 인생을 즐길 줄 압니다. 비관적이고, 만족할 줄 모르고, 늘 불평을 하고, 우둔한 인간들…. 하지만 새들은 어떤가요? 나는 여태껏 우울한 새를 본 적이 없습니다. 나는 삶을 사는 방법을 새들에게서 배웁니다. 우울해하고 감사할 줄 모르는 인간이 아닌 새들에게서 말입니다.

까치 한 마리
나뭇가지에 앉아
노래하고 또 노래하네.

여름날 저녁
저녁놀 바라보며
그대를 생각하네.

우리의 인생은 얼마나 다른가?
하지만 여전히 우리에게는
공통점이 있다네.

우리의 만남은 얼마나 신비한가?

우리가 나눈 추억은

죽는 날까지 지속되리.

다른 이의 가슴에

다가가고픈 마음

어찌 그리 두려움이 많은가?

새들과 매미의 교향곡

이보다 더 좋은 음악이 또 있을까?

_우 조티카

세 잔째 차를 마셨습니다. 세상에 어떤 백만장자가 이런 즐거움을 누릴 수 있을까요?

친구가 보내준 편지를 열 번도 더 읽었습니다. 시간이 충분해서이기도 하지만, 무엇보다 친구가 내게 말하려는 게 무엇인지 이해하고 싶었기 때문입니다.

이제 나는 외부 세계에 대한 단순한 정보나 지식에 높은 가치를 부여하지 않습니다. 이것들은 피상적인 것에 불과하지요. 하지만 그와 달리 내면 세계는 놀랍고 풍요롭습니다. 나와 가까운 사람들을 이해하고 알면 알수록 내 삶은 더욱 의미 있는 게 되어갑니다. 이 진리를 발견하기 위해 얼마나 많은 시간을 허비했던가요?

흔히 '인생은 마흔부터'라고 말합니다. 다른 사람들의 경우는 어떨지 모르겠지만, 적어도 나에게는 너무나 적절한 표현입니다. 그 관점에서 보면 지금의 나는 아직도 너무나 젊고 열정적입니다.

그렇게 새로 시작한 삶에서, 이제 나는 나만의 눈으로 스스로를 바라보기 시작했습니다. 나만의 방식으로 세상을 느끼기 시작한 것입니다. 지금 나는 내 인생에 감사드립니다. 뿐만 아니라 나와 가까이 지내는 사람들, 내가 살고 있는 세계, 그리고 존재하는 모두에게 고마움을 느낍니다. 사람들이 나를 돌봐주고 도와줄 때, 그들의 친절과 도움에 감사합니다. 지금까지는 감사해하기는커녕 너무나 당연한 것으로 여기고 살아왔습니다.

인생은 오묘함과 경이로움으로 가득 차있습니다. 이런 삶을 사는 내가 어찌 인생을 저주할 수 있겠습니까? 인생이 무의미하다고 불평할 수 있겠습니까? 나는 비통함이 아니라 가슴속 깊은 곳에서 우러나오는 감사함으로 죽음을 맞이하고 싶습니다.

나는 점점 더 인간이 되어가고 있습니다. 나의 이런 변화를 절실히 통감합니다. 비구는 마땅히 세상사에 무관심해야 한다지만, 나는 그렇지 못합니다. 이런 점에서 나는 좋은 비구가 못 된다는 사실이 증명되는 셈입니다.

그러나 어쨌든 나는 비구이기 전에 인간입니다. 스스로 생각하기에 나는 나쁜 사람은 아닙니다. 어찌됐든 괜찮습니다. 이 어리석은 수행자를 용서해주시기를 바랄 뿐입니다.

한산 시

　당신이 내게 보내준 한산寒山(중국 당나라 때의 스님이자
시인)의 시집을 잘 받았습니다. 아주 기쁩니다. 나는 료칸만
큼 한산도 좋아합니다. 사실 이 두 시집을 곁에 두고서 이들
과 살고 있습니다.

　　한번 한산寒山에 들어와 사니 모든 문제 끝나네,

　　더욱이 마음에 잡념이 매달리지 않는구나.

　　한가로이 석벽에 시를 쓰네,

　　운運에 맡기니 매어놓지 않은 배와

　　다시 하나가 되었네.

　나는 고대 중국을 좋아합니다. 지난 생에 나는 중국인
이었을지도 모르겠습니다.

　비가 내려 방안 공기가 차가워졌습니다. 방구석에 있는
작은 목탄난로에 불을 지핍니다. 방안이 금세 훈훈해집니다.
차를 마시면서 한산의 시를 읽고 있습니다.

한번 한산에 앉아
어느덧 30년 흘려보냈네.

그윽이 살 만한 땅 가려잡으니
천태天台가 가장 좋지 않은가.
잔나비 울음 골짝 안개에 차갑고
둘레 산빛은 싸리문에 와닿는다.
나뭇잎 꺾어 소나무 지붕 덮고
연못 만들어 시냇물 끌어온다.
이미 모든 일 놓으니 좋아라.
고사리 캐며 남은 삶 보내리라

한암寒岩은 깊어서 더욱 좋아라
이 길에는 다니는 사람 없구나.
흰 구름은 높은 산에서
외로운 잔나비는 푸른 골에서 휘파람 부니,
내게 친할 것 또 무엇 있으랴.
뜻을 펴며 스스로 늙어가리라
얼굴은 철 따라 변하더라도
부디 마음구슬은 보전해야 하느니라.

지혜로운 그대는 나를 버리고
어리석은 나는 그대를 버리나니,
지혜롭지도 어리석지도 않은
저이와는 이제부터 소식 막히네.
밤이면 밝은 달에 노래 부르고
새벽에는 흰 구름과 춤을 추나니,
어찌 좋이 입과 손을 모두 거두어
단정히 앉아 털을 세울 것인가.

_한산

　한산의 시를 다시 읽어봅니다. 나는 한산의 시를 다시 보면서 숲속에서 거니는 모습을 상상합니다. 나는 산속의 고요함에게, 나무들과 도요새나 참새 같은 갖가지 종류의 새들에게 나를 소개합니다. 나는 이런저런 일로 항상 화가 나있는 사람들이 결코 느껴보지 못하는 깊은 평화를 느낄 테지요. 동물과 자연과 소통할 수 있는 교감은 인간이 할 수 있는 대화 중 가장 아름다운 모습일 것입니다.

　이곳에서 나는 내가 원하는 삶을 살아갑니다. 새벽에는 탁발을 나가고, 나머지 시간에는 산책을 하거나 책을 읽기도 하고 사색과 수행도 합니다. 세상 어디서 살든, 나는 지금과 같은 모습으로 일생을 보내고 싶습니다.

하지만 이러한 삶 속에서도 나의 집착을 봅니다. 그래서 그것을 놓아버릴 방법을 배우고 있습니다. 집착은 무거운 짐입니다. 집착이 없다면, 지금과는 전혀 다른 모습으로 살 수 있을 것입니다.

붓다의 그림

나는 그림 엽서를 가지고 있습니다. 그 안에는 깊은 선정禪定에 든 붓다가 있습니다. 붓다는 뿌리가 굵고 가지가 많은 보리수 아래에 앉아있고, 근처에는 토끼가 몇 마리 있습니다. 그 곁에는 연꽃이 만발한 오래된 연못이 있고, 저 멀리에는 커다란 숲과 산이 있습니다. 산 위에는 둥근 보름달이 떠있습니다. 고요하고 평화로운 정경 속에서, 연못에 비친 보름달만이 수면을 따라 움직일 따름입니다. 그 한가운데에 나의 스승인 붓다께서 완전한 삼매三昧, samādhi(오직 하나의 대상에만 정신을 집중하는 경지)에 들어앉아 계십니다.

붓다의 모습은 어떠한 탐욕이나 어리석음, 증오, 자만, 시기, 질투도 없는 완벽한 평화의 상징입니다. 얼굴은 희고 부드러운 빛을 발하면서 밝게 빛나고 있습니다. 긴장된 곳이 어디서도 보이지 않을 정도로 편안한 모습입니다. 평화로움! 이 그림을 표현할 수 있는 단어는 이것밖에 없습니다. 나는 붓다와 조금 떨어져있는 다른 나무 아래에 앉아있다는 상상을 합니다.

당신도 나처럼 이 그림 속에서 붓다와 함께할 수 있습니다.

상상의 힘은 강력합니다. 너무나 강력해서 우리가 존재하는 장소도 바꾸어놓을 수 있습니다. 당신이 평화로운 상황을 떠올리면, 당신의 마음은 평화로워집니다. 끔찍한 상황을 상상한다면, 두려움을 느낍니다.

그리고 상상의 힘은 무한합니다. 당신은 선택할 수 있습니다.

평화를 선택하셨나요? 그럼 붓다의 곁에 앉아 수행을 하는 모습을 상상해보십시오. 당신은 어느새 붓다 옆에 앉아 있을 것입니다. 그러면 당신은 깊은 고요와 평안, 안전함을 느끼고, 번뇌로부터 자유로워지게 될 것입니다.

우 조티카 사야도

내가 만든 한계와 구속, 내가 풀어야 합니다.
어느 누구도 대신 풀어주지 못합니다.
기쁨, 슬픔, 괴로움 등 모든 희로애락을 만드는 게 바로 나니까요.
지금 당신에게 일어나고 있는 모든 문제와
당신이 처한 환경이 당신 자신이 선택한 것임을 아는 순간
당신은 진실로 그것으로부터 자유로워질 것입니다.

'불만족'이라는 질병

　나는 함께 사는 비구들과 언덕에 올라, 지는 해를 바라보았습니다. 그림같이 아름다운 일몰은 연노랑 빛깔에서 서서히 새빨갛게 변해갔습니다. 우리는 자연의 아름다움을 잊고 삽니다. 자신이 만들어놓은 문제에 함몰되어 고개를 들 여유조차 없는 것이지요.

　내가 머물고 있는 오두막 근처에는 작은 연못이 하나 있습니다. 수많은 물벌레들이 헤엄을 치기도 하고 연못으로 뛰어들기도 합니다. 연못 주변에는 여러 종류의 풀이며 꽃들도 살고 있습니다. 나는 저녁 시간 연못가에 서서 물에 사는 곤충들을 바라보는 것을 좋아합니다. 어제는 올챙이 두 마리를 보았습니다. 작은 몸으로 힘차게 헤엄치는 모습이 나의 가슴을 설레게 했습니다.

　이곳은 전기가 들어오지 않습니다. 그래서 촛불에 의지해 이 글을 쓰고 있습니다. 하지만 전혀 불편하지 않습니다. 나는 이곳이 너무나 좋습니다. 이곳 사람들 또한 내게 무척이나 친절합니다. 그들은 내가 그들 곁에 있으면 불행한 일이 찾아오지 않을 거라고 믿고 있습니다. 너무나 감사한 일이지요.

며칠간 몸이 좋지 않았습니다. 사람들은 내게 음식을 가져다주기도 하고, 의사도 모셔왔습니다. 병이 심한 건 아니었는데, 모두들 걱정해주며 정성껏 보살펴주었습니다. 나를 진심으로 사랑해주는 사람들 속에서 살고 있음을 다시 한 번 느낄 수 있었습니다.

일주일째 비가 오는군요. 비가 부족했던 참이라 농부들은 행복해합니다. 그들의 기분을 아는지 새들 역시 즐겁게 지저귀며 서로를 불러댑니다. 나이팅게일 한 마리가 물을 받아놓은 항아리에서 목욕을 즐기고 있습니다. 퍼덕이는 새의 날갯짓과 함께 삶은 계속됩니다.

'삶은 이러이러해야 한다'면서 스스로 만들어놓은 틀 때문에 나는 많은 고통을 겪었습니다. 하지만 지금은 내가 할 수 있는 것만 하고 살기로 했습니다. 나머지 것들은 그대로 내버려두기로 했습니다.

사람들은 스스로 불행을 자초하고 있다는 사실을 모릅니다. 탐욕, 자만, 질투…. 각자의 마음속에 자리잡고 있는 이러한 것들이 자신을 불행하게 만들고 있다는 사실을 알지 못합니다. 오히려 대부분 사람들은 자신이 지금 있는 곳에서 떠나고 싶어합니다. 자신이 서있는 그곳이 불행의 원인이라고 생각하는 것이지요.

행복은 가까운 곳에 있습니다. 번뇌를 짊어지고 다닌다면, 어느 곳에 가든지 불행할 수밖에 없습니다. 어떤 상황에서나 문제는 있게 마련입니다. 그러므로 당신이 행복한지 불행한지는 그 문제를 문제로 받아들이는지 아닌지의 차이입니다.

사람들은 "내가 불행한 건 너 때문이다!"라면서 서로를 비난합니다. 그런데 자신의 잘못을 보지 못하고 무조건 외부로 눈을 돌리는 것은 얼마나 어처구니없는 일입니까?

지금은 해가 떠오르기 직전입니다. 조금 후면 모든 생명이 기지개를 펴기 시작하겠지요. 부지런한 새들은 벌써부터 아침을 재촉합니다. 수행처 안은 안전하기 때문에 다른 곳보다 많은 새들이 살고 있습니다. 덕분에 나는 새들이 생활하는 모습을 가까이에서 항상 지켜볼 수가 있습니다. 그러다보니 점점 새들이 좋아집니다.

새들은 고단한 삶을 사는 듯이 보이지만, 활기차고 독립적으로 살아갑니다. 저마다 크기도, 모양도, 색깔도 다릅니다. 아무리 오랜 시간을 지켜봐도 싫증이 나지 않습니다. 새들에게 불만족이란 없어 보입니다.

가진 것 없이 단순한 삶

존 뮤어John Muir(1838~1914, 미국의 시인이자 자연보호주의자로 환경단체인 시에라클럽을 설립)의《물까마귀Water Oozle》를 읽으셨나요? 뮤어는 내가 좋아하는 미국인 중 한 사람입니다. 나는 그의 책을 곁에 두고, 생각이 날 때마다 읽곤 합니다.

존 뮤어가 직접 쓴 책은《야생의 세계The Wilderness World》뿐입니다. 그는 사치품이라고는 단 하나도, 미국에서는 필수품인 자동차도 소유하지 않았습니다. 그가 가진 것은 오직 자연에 대한 애정뿐이었습니다.

나는 다른 비구들에 비하면 부자입니다. 나에게는 필요한 물건들을 제공해주는 후원자가 있습니다. 그분들 덕택에 나는 항상 부족함 없이 살아갑니다. 그러나 돈은 가지고 있지 않습니다. 돈으로부터 자유로울 수 있다는 사실이 기쁩니다. 돈의 노예가 되어 살아가는 사람들이 얼마나 많나요? 돈 없이 사는 삶이 내게는 훨씬 편안합니다.

내가 부자인 이유가 하나 더 있군요. 바로 '시간'입니다. 내가 원한다면 언제든지 공부를 하거나 수행할 수 있습니다. 결코 서두를 필요가 없습니다.

사람들과 사귀는 것
내 원치 않는 바 아니나,
내겐 더 좋은 삶
홀로 사는 삶이 있다네.

온종일 인적 없는
외딴 오두막
홀로 창가에 앉으면
낙엽 지는 소리만 쉬임 없네.

어스름 깔린 저녁
내 오두막으로 오게나.
풀벌레들의 울음소리 가득한
가을 들판 보여주리니.

_료칸

인생은 얼마든지 단순하게 살아갈 수 있습니다. 그런데

도 사람들은 왜 그렇게 스스로 커다란 짐을 만들어낼까요?

사람들은 너무 바빠서 풀벌레들의 울음소리도, 새들의 지저귐도 듣지 못합니다. 그들은 자연의 소리를 감상하는 방법조차 알지 못합니다.

나는 새와 나무와 구름을 사랑합니다. 숲을 거닐면 새와 나무 들을 만날 수 있기에 산책을 즐겨합니다. 그리고 담마 책을 읽거나 수행하는 것을 좋아합니다. 그러나 사람들에게 설법하는 것은 좋아하지 않습니다. 그러니 내가 법문을 하지 않더라도 용서해주시기 바랍니다.

나는 내 이름을 세상에 드러내고 싶은 생각이 없습니다. 큰 스승이 되는 것도 원하지 않습니다. 내가 가지고 있는 유일한 야망은 평화롭고 조용하고 단순하게 그리고 홀로 사는 것입니다.

내 삶은 낡고 오래된 암자

이른 아침, 새들이 즐겁게 노래하면서 새로이 떠오르는 태양을 반깁니다. 그들은 항상 새롭고 신선한 마음으로 새로운 날을 시작합니다. 새들의 노랫소리를 들어보면 그 어디에도, 어제에 대한 죄책감이나 미래에 대한 염려가 없습니다. 새롭게 시작하는 아침의 활기를 온몸 그대로 받아들이고 표현하는 것이지요. 얼마나 멋집니까!

하지만 사람들은 자신의 감정에 빠져 다른 것을 둘러볼 겨를이 없습니다. 그들의 마음 어느 한구석에도 자연과의 교감이 비집고 들어갈 공간이 없습니다. TV 화면을 통해 비치는 자연을 보면서 그것이 전부인 양 착각합니다.

이곳에서의 오늘은 어제와 같습니다. 또 오늘은 내일과도 같지요. 이렇게 하루하루가 지나다보면 몇 달이 금세 흘러갑니다. 심지어 한 해조차 길게 느껴지지 않습니다.

늘 마음의 흔들림 없이 평온함을 유지할 수 있다는 것은 얼마나 큰 행복인가요? 나이가 들수록 내 마음이 더욱 평화로워지길 바랍니다.

숲속을 산책하면서 온갖 새들이 지저귀는 소리를 듣습니다. 나는 산속 깊은 곳에 살면서 새들과 사슴들 그리고 온갖 동물들과 친구가 되고 싶습니다. 또한 나무와 시냇물, 구름과 하늘, 그리고 비와 안개와도 절친한 친구가 되고 싶습니다.

멀리서 수탉 우는 소리가 들립니다. 그 소리가 얼마나 듣기 좋은지…. 크고 검은 까마귀 한 쌍이 다가왔습니다. 한 발짝 한 발짝 다가오지만 의심의 눈초리는 전혀 찾아볼 수 없습니다. 어느새 바로 내 곁에까지 다가와 나와 눈을 마주치는군요. 순간 나는 한 마리의 까마귀가 되어버립니다.

새벽 탁발을 나갑니다. 하루 한 끼의 식사는 탁발에서 돌아온 7시에서 7시 30분 사이에 합니다. 식사가 끝나면 잠시 산책을 한 뒤 오두막에 돌아와 나무들과 새들을 바라보며 수행에 들어갑니다. 좋은 읽을거리가 있을 때는 독서를 하기도 하지요. 이따금 사람들이 찾아오면 이런저런 이야기를 나눕니다. 그러한 대화는 결국 담마에 관한 얘기로 마무리되지요. 오후에는 어린 비구인 산Shan이 빨리어를 배우러 옵니다.

저녁에는 보통 숲속에서 산책을 합니다. 숲속은 너무나 평화롭습니다. 사람들로부터 벗어나 숲속에 있으면 내 마음은 평온해집니다. 나무들과 새들은 이런 내 시간을 언제나 함께 나누는 영원한 친구입니다. 내일도, 그리고 모레도 나는 이와 같은 모습으로 생활하고 있을 것입니다.

뻐꾸기의 노랫소리가 너무나 부드럽고 달콤하군요. 그 소리와 함께 내 마음도 행복해집니다.

내 인생은 낡고 오래된 암자와 같다.
가난하고, 단순하며 그리고 조용한.

_료칸

너무 바쁘게 살지 마십시오. 혼란스럽고 미친 세상에서 한 발짝 물러서서, 휴식을 취할 수 있는 시간과 편안히 수행할 수 있는 시간을 가지십시오.

일상에서 벗어나 숲속에 머무르는 시간을 가져야 합니다. 숲이 나에게 신선한 공기와 안정과 평화를 주듯, 당신에게도 이같은 선물을 줄 것입니다. 도시의 삶은 건강에 좋지 않습니다. 사람은 자연과 가까워져야 합니다. 숲속의 수행처를 찾아가서 잠시라도 수행을 하십시오.

내가 지금 이곳에서 누리고 있는 조용하고 평화로운 삶은
단순히 지난 선업의 결과만이 아닙니다.
나는 매 순간 선택의 기로에 섰고,
그때마다 조용하고 평화로운 삶을 선택했습니다.

당신은
당신이 살 수 있는 시간이 한 달뿐이라면,
그 한 달 동안 뭘 하시겠습니까?

어디에서 살든, 나는 매우 색다른 세계에 삽니다. 왜냐하면 나는 색다른 마음을 갖고 있으니까요. 사람들이 추구하는 돈이나 쾌락, 전통 같은 것에는 관심이 없습니다. 대신 새와 동물, 나무와 구름과 소통하는 게 좋습니다.

물론 내가 사람들의 고통에 공감하지 못하는 것은 아닙니다. 그들의 고통을 충분히 이해하고 있습니다. 그들을 위한 측은지심도 가지고 있습니다. 하지만 다른 생각으로 가득 차있는 그들의 마음속에는 어떤 공간도 남아있지 않아서 내 말을 받아들이지 못합니다. 사람들은 그렇게 점점 더 로봇과 닮아갑니다.

내가 얼마나 오랫동안 전인적이고 지적이며 주의 깊고 깨어있으며 또한 독단에 빠지지 않고 항상 배우면서 성숙해가는 사람을 만나길 간절히 바랐는지 모를 것입니다. 이런 내 소망이 이루어지길 바랍니다.

나는 오랜 세월 숲속에서 살아왔습니다. 탐욕스런 사람들이 살고 있는 더럽고 시끄럽고 오염된 곳에서 살고 싶지 않으니까요. 어릴 적에 읽은 시가 떠오릅니다.

안녕, 도도한 세계여! 나는 고향으로 돌아갑니다.

평화로운 삶으로 가는 통과의례

분주함이 휩쓸고 지나가면 사람들은 한동안 정신적인 공허함에 시달립니다. 또한 아무 일도 하지 않는 것은 비생산적인 일이라고 생각하기 쉽습니다. 더구나 이토록 분주한 세상에서 평화롭게 편안한 삶을 사는 것은 너무 이기적이지 않나 싶어서 죄책감에 빠질 수도 있습니다. 당신은 세상에 대한 책임감을 가지고 있기 때문입니다. 그래서 아무 일도 하지 않고, 어떤 직업도 갖지 않고, 어떤 의무감도 지지 않는 것은 쉬운 일은 아닙니다. 고통을 느끼지 않으면 죄책감마저 들겠지요.

내가 지금 이곳에서 누리고 있는 조용하고 평화로운 삶은 단순히 지난 선업kusala의 결과만이 아닙니다. 나는 매 순간 선택의 기로에 섰고, 그때마다 조용하고 평화로운 삶을 선택했습니다.

이런 선택을 하려면 아주 강한 결단력, 즉 '놓아버림'이 필요합니다. 먹고 싶은 케이크를 모두 먹을 수 없듯이, 세상의 모든 즐거움을 누리면서 동시에 고요하고 평화로운 삶까지 함께 누릴 수는 없습니다.

> 내가 살고 있는 세상은 푸른 세상
> 이리 보나 저리 보나 여전히 푸른 색
> 얼마나 눈부신 세상인가
> 이 세상과 나는 깊은 사랑에 빠졌네.
>
> _우 조티카

지금의 행복과 평화를 얻기 위해 내가 무엇을 어떻게 해왔을까요?

사람들은 비구는 어떤 것도 사랑해서는 안 되고, 모든 것에 초연해야 한다고 말합니다.

하지만 유감스럽게도, 이 말이 나에게는 해당되지 않는군요. 나는 세상 모든 것에 초연하지 않습니다. 오히려 삶의 많은 것들과 사랑에 빠졌습니다. 내 삶에서 이토록 좋은 일이 일어났다는 사실이 기쁩니다. 물론 내 삶에도 힘들고 고통스러운 일들이 있었고, 또 지금도 있습니다. 하지만 그래도 좋습니다.

시간이 갈수록 책에서 배운 것들을 하나씩 잊어갑니다. 그런데 삶에서는 더욱 많은 것을 보고 배워갑니다. 그래서 삶은 내게 더없이 좋은 책입니다. 삶에서 얻은 지혜가 커질수록 내 가슴은 더욱 단순해지고 열려갑니다.

행복은 마음이 움직이는 방식

올해에는 여느 해보다 비가 많이 옵니다. 그래서 오두막의 천장 고치는 일을 마쳤습니다. 새로 댄 천장이 마치 깔끔한 마루를 거꾸로 매달아놓은 것처럼 산뜻합니다. 좋은 티크목을 썼으니 오랫동안 이 방을 지켜줄 것입니다. 더위에도 끄떡없고, 비가 와도 더 이상 시끄럽지 않을 것입니다.

새 천장은 페인트칠을 하지 않고 그대로 둘 겁니다. 인공적인 색보다는 나무의 결과 색이 그대로 묻어나오는 자연 그대로가 좋으니까요.

오두막 근처에 있는 작은 연못도 예년보다는 물이 많이 불었습니다.

며칠간 계속 비가 내리더니 오늘은 해가 떠올랐습니다. 눈이 부시도록 밝은 햇살이 비추는군요. 당신도 이곳에서 나와 함께 있었더라면 하는 생각이 간절합니다.

바람이 점점 서늘해지고 있습니다.
아침저녁으로 안개가 짙게 깔립니다.

밤이 되면 휘영청 밝은 달이 떠오릅니다.

밤이 되면 나타나는 딱따구리는 자신의 존재를 알리는 듯 나무를 두들겨댑니다.

톡톡톡톡톡톡….

저 멀리 마을에서 개 짖는 소리가 나지막이 들려옵니다.

자연! 이 모든 게 나에겐 큰 기쁨입니다.

오두막에서 잠시 나와 대나무 숲에 앉아있습니다. 이곳에 올 때마다 앉게 되는 낡았지만 편안한 의자가 하나 있습니다. 오늘도 그 의자에 앉았습니다.

잠시 내리던 비가 그치고, 지금은 맑고 파란 하늘이 펼쳐져있습니다.

나이팅게일이 지저귀는 소리가 들려옵니다. 내가 가장 좋아하는 새 울음소리입니다.

내 귀를 즐겁게 하는 소리가 또 있습니다. 무엇인지 짐작할 수 있겠습니까? 나뭇가지를 스치며 지나가는 바람 소리입니다. 나는 나무와 새, 구름과 하늘, 일출과 일몰, 달과 별과 함께 살고 있습니다. 내가 사는 이 세상은 얼마나 위대하고, 아름답고, 평화롭고, 경이로운가요? 그래서 내 삶은 한 편의 시가 됩니다.

대나무 숲속의 속삭임 소리.

언어에 매달리지 않는 사람들만이

이해할 수 있는 소리.

들어보게나.   _우 조티카

행복해지려고 하는 노력을 멈출 때 진정으로 행복할 수 있습니다. 행복은 만드는 것도, 짜 맞추는 것도, 당신이 소유할 수 있는 것도 아닙니다.

나는 나 자신에게 뭔가를 하도록 강요하지 않습니다. 내 본성이 자연스럽게 흐름을 따라 물 흐르듯 흐르게 합니다. 나는 이렇게 사는 삶의 결과가 긍정적임을 오랜 세월을 통해 터득했습니다. 지금 내가 취하는 삶의 방식은 내 본성과도 조화를 이룹니다.

나는 어떤 것도 소유하고자 하는 욕망이 없습니다. 내 마음은 고요합니다. 나는 살아있는 모든 것들에게 자비로운 마음을 보냅니다.

친구여! 내가 가지고 있는 모든 좋은 것들이 그대와도 함께 하길 기원합니다.

CHAPTER 3

가치와 철학에 대하여

내 안의 변화는 여전히 계속되고 있습니다. 그 변화를 방해하고 싶지 않습니다. 어쩌면 한 꺼풀씩 환상을 벗겨나가는 과정, 다시 말해 매혹적인 꿈에서 혹독한 현실로 깨어나는 게 진정한 배움일지도 모릅니다.

지식과 마음

도스토예프스키는 이렇게 말했습니다.

동서고금을 막론하고 인간은 누구나, 이익의 지배에서 벗어나 스스로의 선택에 의해 행동하고자 한다.

나의 벗 소로는 이렇게 말했습니다.

몸과 마음이 온전한 사람은 자신이 속한 사회에서 가장 성스럽다고 여기는 가치에 복종하면서도, 자신만의 방법으로 그것과 반대되는 자기만의 가치를 세운다.

나는 부질없이 논쟁하는 것 때문에 지쳐가고 있습니다. 나는 평화로운 인생을 살고 싶습니다. 미친 세상에 동조하거나 맞서지 않고 살아갈 수 있는 법을 터득하고 싶습니다. 제정신이 아닌 세상은 세상의 방식대로 돌아가라고 내버려두고, 나는 조용히 비켜서있겠습니다.

나는 내 '마음'을 믿습니다.
나는 지식을 내세워 판단하는 것을 원하지 않습니다.
마음으로부터 우러나오는 이해를 원합니다.

내가 아무런 문제의식 없이 무엇이든 당연하게 받아들인다면, '진리를 추구하는 이'라 불릴 수는 없겠지요. 우리는 붓다의 말씀도 아무런 문제의식 없이 받아들이면 안 됩니다. 나는 붓다를 깊이 존경하지만, 무조건 받아들이지는 않습니다. 나는 나의 힘으로 모든 진리를 알아가고 싶습니다.

내가 세상에서 살면서 터득한 것은 스스로와의 교감입니다. 나를 가장 잘 이해할 수 있는 유일한 사람은 바로 나 자신이니까요. 물론 이것이 말처럼 쉽지는 않습니다. 그래도 나는 나의 모든 움직임과 감정, 좌절과 자만, 무료함 등을 자각합니다.

나는 혼자일 때는 무료해하지 않습니다. 그런데 사람들과 있을 때는 무료해집니다. 나는 스스로에게 완전히 노출되어있으며, 내 자신을 깊이 이해하고 있습니다.

나에게는 더 이상 스스로를 발전시키겠다는 욕망이 없습니다. 나 외에 다른 사람을 발전시켜야겠다는 생각 또한 없습니다. 사람들은 나의 이런 생각을 이해하지 못합니다. 당신의 경우는 어떻습니까? 이해할 수 있나요?

이런 생각이 들어서인지 요즘 나는 편안합니다. 예전에는 느껴보지 못했던 감정입니다. "모든 가치 있는 것은 반드시 가슴 깊은 곳에서 나온다"고 믿습니다. 진정 맞는 말입니다.

나는 한때 지식인이었습니다. 그 당시 나는 지식의 가치를 최우선에 두었고, 온갖 주제의 수많은 책들을 섭렵했습니다.

그러나 지금은 다릅니다. 물론 지식의 가치는 인정하지만, 그때처럼 독서에 매진하지는 않습니다. 게다가 나는 누군가를 가르칠 수도 없을 것 같군요. 그 대신 내가 인생에서 배운 지혜를 서로 나눌 뿐입니다. 이 때문일까요? 내 마음이 세상을 향해 점점 더 열리는 것을 느낍니다.

지금의 나에게 '이상'은 중요한 의미가 없습니다. 나는 어떤 정형화된 공식대로 살고 있지 않으니까요. 오직 내 마음을 깊이 들여다볼 뿐입니다.

해야 하는 것과 하지 말아야 할 것을 분별하는 것도 더 이상 무의미합니다. 나는 내 '마음'을 믿습니다. 내 마음을 깊이 알아차릴 때, 나는 진정으로 살아있음을 느낍니다.

나는 지식을 내세워 판단하는 것을 원하지 않습니다. 마음으로부터 우러나오는 이해를 원합니다.

나는 완벽하지 못합니다. 요즘은 더 불완전해짐을 느낍니다. 그래서 나는 분별의 더듬이를 곤두세운 채 세상을 바라보는 이들이 두렵습니다.

가능하다면 홀로 머물고 싶습니다. 나 역시 살면서 많

은 실수를 저질렀지만, 그것 때문에 나 자신이나 타인을 원망하지는 않습니다. 어떤 죄도 짖지 않고 살아간다는 것 자체가 불가능하니까요.

나는 담마를 배우고 수행을 하기 위해 꾸준히 노력하고 있으며, 그 노력 자체만으로 충분히 행복합니다.

가치 판단과 논쟁

나는 계율을 좋아합니다. 그래서 나는 사람들이 그릇된 행동을 할 때마다 그들의 행동을 책망합니다. 물론 상대방의 기분이 상하지 않게 행동해야 함을 잘 알고 있습니다. 또한 그들이 쉽게 이해할 수 있도록 조언해주어야 한다는 것도 잘 알고 있습니다.

나는 어떤 한계 내에서 비판적일 수 있습니다. 상대방의 가치 판단을 받아들일 수 없더라도, 그들을 방해하는 말을 해서는 안 됩니다.

논쟁은 무의미합니다. 단지 내 말이나 행동이 그들을 기만하려 하지 않는다면, 내 마음도 평화로워집니다. 내가 느끼는 바대로만 말하거나 행동할 수는 없으니까요.

나는 출가하기 전 이슬람교도였습니다. 비구로서는 이색적인 경력이지요. 이 사실을 아는 사람들은 나를 찾아와서 무례한 행동을 보이기도 합니다. 특이한 과거를 가지고 있는 비구를 만나는 게 그들에겐 색다른 경험일 테니까요. 자신들이 믿는 환상에 동조하길 바라는 그들에게 내가 무엇을 해줄 수 있겠습니까? 그저 웃을 뿐입니다.

내가 젊었을 때 친구들은 나를 '공산주의자'라고 불렀습니다. 내가 특정한 종교를 믿지 않는다는 이유에서였지요. 그렇다면 지금 나는 '조직화된 종교'를 믿고 있는 건가요? 글쎄요, 누가 알겠습니까?

당신은 어떻게 담마에서 종교적인 요소를 제거할 수 있나요? 나는 그것을 하려고 합니다.

나는 사람들과 관계를 맺는 방법에 대해 명확한 결론을 얻고 싶습니다. 나는 나를 실제 모습과 무관하게 특정한 부류의 사람으로 치부해버리는 사람들이 싫습니다.

하지만 이를 피하는 것도 어쩌면 불가능한 일일지 모릅니다. 세상 모든 사람들은 어떤 식으로든 오해 받으며 살아가니까요. 오히려 타인들이 나보다 나를 정확히 파악한다면 더 마음이 상할지도 모르겠습니다. 확실한 것은 내 스스로의 동기만 명확하다면, 이 모든 게 그리 문제되지 않는다는 것입니다.

시간이 갈수록 사람에 대한 이해가 더 깊어진다고 생각

합니다만, 어리석은 사람들, 그중에서 특히 자신이 명석하다고 생각하는 사람들과는 생각을 주고받거나 이야기를 나누고 싶지 않습니다.

나는 점점 더 사람들로부터 멀어지고 있습니다. 특히 누군가를 도와야 한다는 생각도 하지 않습니다. 사람들은 남을 돕는다는 명목으로, 또는 자신의 명예와 이익을 획득하기 위해 다른 사람들을 이용합니다.

> 악마와 맞서 싸우는 사람은 그 과정에서 스스로 악마가 되지 않도록 반드시 스스로를 살펴야만 한다. … 위대한 인물? 난 그저 자신의 이상형을 훌륭히 묘사하는 연기자를 볼 뿐이다.
>
> _프리드리히 빌헬름 니체

내가 하는 일은 오직 세상이나 사람들에게 내가 바보가 아니라는 사실을 보여줄 뿐입니다.

나는 너무나 빠르게 변하고 있어서, 내년에 내가 어떻게 변할지 짐작조차 못합니다. 때로 친구들이나 스승들이 항상 그 자리에 머물러있는 모습을 발견합니다. 그들은 항상 건강이나 날씨 같은 중요하지 않은 주제에 대한 얘기만 합니다. 그들에게 진리는 책 속에 담겨있을 뿐입니다. 내게는 모든 게 의문투성이입니다. 세상에서 통용되는 많은 이상들이 비현실적임을 깨달았으니까요. 그러니 내가 무엇을 가르칠 수 있겠습니까?

내 안의 변화는 계속되고 있습니다. 그 변화에 간섭하거나 방해하고 싶지 않습니다. 환상이 한 꺼풀씩 벗겨지고 있습니다. 매혹적인 꿈에서 깨어나 현실이 얼마나 혹독한지를 깨우치는 게 진정한 배움일지도 모릅니다. 내 안의 가치관이 변하고 있어 사람들과 대화하기가 어렵습니다. 그래서 나는 분명히 해두려는 게 있습니다. 바로 나는 더 이상 사야도Sayadaw(큰스님)의 역할을 해낼 수 없다는 것입니다. 나 자신이 '위대한 사람'의 역할을 해야 한다는 강박관념이 나를 산만하게 만드니까요.

진정 내게는, 사야도가 중요한 것이 아니라 '나 자신'이 되는 것이 중요합니다.

질문과 대답의 거처

우리는 항상 다른 존재가 되려 합니다. 왜일까요? 지금의 모습이 만족스럽지 않거나 받아들일 수 없어서인가요? 사실은 자존심이나 자아를 만족시키기 위해서 입니다.

대부분 사람들은 인생의 지침이 없이 살아갑니다. 자신들의 문제를 《성경》이나 《논어》, 《맹자》 같은 동양의 위대한 경전, 철학이나 과학 등 외부 세계에서 해답을 찾으려고 합니다.

하지만 자신의 삶을 영위하는 기준을 외부 세계에서 구한다면, 그것은 진정한 기준이 될 수 없습니다. 오히려 종잡을 수 없이 쉽게 변하는 답일 경우가 많습니다. 이런 외부 요소들이 내면에 존재하는 나침반을 발견하도록 도와주는 역할을 할 수는 있겠지요.

'인생'이라는 머나먼 여행을 하면서 마음속 깊이 내재되어있는 방향감각을 끌어내지 못한다면, 돌이킬 수 없는 낭떠러지로 떨어질지도 모릅니다.

주위의 경우를 통해 재삼 확인하게 되는 것은 성자나

수행자를 추종하는 행위도, 책들을 통해 얻은 생각이나 영감도 올바른 길로 안내해주지는 못한다는 사실입니다.

무의미와 막막함, 내가 지금 어디로 향하는지 알 수 없다는 답답함 때문에 한없는 절망을 느껴본 사람만이 결국 올바른 방향을 찾을 수 있습니다. 이렇게 절망을 통해 바른 길을 찾기 위해서는 많은 관찰과 지성이 필요합니다. 이것은 출가하기 전 붓다의 마음 상태와 같은 것입니다.

사람들은 담마에 관한 책을 읽거나, 스승을 따르기도 하고, 또 어떤 사람들은 직접 가르침을 펼치기도 합니다. 하지만 대부분 사람들은 방향 없이 흘러다닙니다. 또한 그들은 이미 세상에 존재하는 말을 앵무새처럼 따라할 뿐, 스스로의 경험에서 우러나온 것을 말하는 법이 없습니다. 그런 부류의 사람들 중에 어떤 이는 유명해져서 자신의 명성을 즐기기도 하고, 자신의 성공을 자랑하기도 합니다. 하지만 이러한 모습은 그들의 성공이 실제로는 성공이 아니라, 오히려 실패일 뿐임을 보여줍니다.

반면에 어떤 이들은 이런저런 스승을 좇으며 행복해합니다. 티베트불교, 참선, 요가, 남방불교 등 새로운 것이라면 무엇이든 손에 잡히는 대로 움켜쥡니다. 그리고 방향도 없이 떠돕니다. 이들에게는 깊이가 없습니다.

사람들은 삶이 힘들다고 말합니다.
하지만 삶으로부터 즐거움을 찾고, 또한 많은 것을 배울 수 있습니다.
당신이 선택한다면 회전목마와 같은 존재의 윤회에서
벗어날 수도 있습니다.

멋진 생각, 아름다운 이상에 흥분하는 것은 오래 지속
되지 않습니다.

우리의 가장 숭고한 통찰력은 그것을 기꺼이 마음을 열고서
받아들이지 않는 사람들에게 반드시 '어리석은 것', 그리고
때로는 '위험한 것'처럼 들려야 한다.

_프리드리히 빌헬름 니체

사람들은 속기 좋아합니다. 쉽게 속는 것이 사람의 본
성이니까요. 그래서 그들이 집착하고 있는 잘못된 견해를 버
리도록 하는 것은 무척 어렵습니다. 그들은 자신이 '절대
진리'라고 믿는 신념 혹은 꿈이나 환상을 부정하는 말을 들
으면, 버럭 화를 냅니다.

내가 알기로는 사람들은 신화를 믿기 좋아하는 것 같습
니다. 물론 그들이 가지고 있는 신화에 대한 믿음을 포기하
도록 만드는 것은 불가능합니다. 이런 면에서 사람들은 어린
아이와 같습니다. 신화 속의 환상 같은 믿음이라도 없으면
그들은 상실감에 빠질 것입니다. 그들의 삶은 단물이 다 빠
져나간 껍처럼 이내 무미건조해집니다.

그러니 그들의 마음속에 단단히 자리잡고 있는 신화나
환상을 빼낼 작정이라면, 그 자리를 대신 차지할 다른 뭔가

를 반드시 준비해야 합니다.

믿음은 진실을 알려고 하지 않는다는 증거다.

_프리드리히 빌헬름 니체

지적인 정직함을 찾아보기는 매우 어렵습니다. 사람들은 누군가를 가르칠 때 자신이 전혀 경험한 적이 없는 것도 마치 정확히 아는 것처럼 이야기합니다. 그리고 그 사실에 대해 어떤 의문도 품지 않은 것처럼 행동합니다.

하지만 그 교사들이 정말 아무런 의문도 가지고 있지 않을까요? 경험하지도 않은 사실에 어떤 의문도 품지 않는 게 가능할까요?

나는 어두운 꿈속보다는 밝은 햇빛 아래에서 살고 싶습니다.

감각적이고 물질적이고 피상적인 세계

사람들과 말하지 않고 홀로 있을 때, 나는 다른 세계에 머무는데, 나는 이 세계를 '영적인 세계'라고 부릅니다. 사람들과 세속적인 일에 대해 이야기를 나눌 때마다 나는 감각적이고 물질적이고 피상적인 세계에 끌려내려와 대화를 강요당하는 듯합니다.

누군가가 내게 이런 말을 했습니다.

사람들이 값비싼 보석이나 장신구로 겉을 치장하는 이유는, 자신의 내면에서 진정한 가치를 발견하지 못하기 때문이라고 말입니다. 이는 외부의 힘을 빌릴 때에만 자신의 가치를 느낄 수 있다는 말입니다.

외부의 힘이란 화려한 보석이나 예금통장의 불어나는 숫자일 수도 있고, 높은 지위일 수도 있습니다. 이런 것들로 하늘 높은 줄 모르고 높이 치켜 올라가는 그들의 어깨를 보노라면, 정말이지 정신이 나갔다는 게 이런 걸 두고 하는 말이구나 싶습니다.

사람들과 말하지 않고 홀로 있을 때, 나는 다른 세계에 머뭅니다.
나는 이 세계를 영적인 세계라고 합니다.
사람들과 세속적인 일에 대해 이야기할 때마다
감각적이고 물질적이고 피상적인 세계에 끌려 내려와
대화를 강요당하는 느낌입니다.

'삶'이라는 어처구니없는 연극에 빨려 들어가지 않으려고 발버둥쳐도, 당신은 어쩔 수 없이 인생이라는 무대의 배우가 될 수밖에 없습니다. 당신도 그런 상황에 붙들린 적이 있나요?

"그 비구가 아라한Arahat(불교에서 가장 높은 경지에 오른 수행자)이셨대요. 장례식 때 콩 만한 사리들이 나왔다는군요!"

사람들은 마치 사리가 아라한을 가려내는 기준이라도 되는 양 숙덕거립니다. 제가 콩처럼 딱딱하게 변했다고 합시다. 그게 어쨌다는 건가요?

사람들과의 대화에 빨려들거나 속지 않으려면, 항상 자기의 마음을 마음챙김해야 합니다.

나는 말없이 조용히 머물고 싶습니다. 그것이 내 마음의 평화에 더 도움이 될 테니까요.

대화에서 억측과 가설과 거짓을 제거할 수 있다면 많은 말을 할 필요가 없습니다. 나는 삶을 비현실적으로 만드는 여러 가정假定 때문에 서서히 지쳐갑니다. 거짓된 사람들이, 거짓된 세상에서, 거짓된 행동을 하면서 거짓된 삶을 살아갑니다.

나는 사회와는 근본적으로 다른 방향으로 가는 내가 두렵습니다. 그것은 홀로 남겨질지도 모르는, 가지 않던 길을 가야 함을 의미하는지도 모르니까요. 그리고 그 길을 가기 위해 내게 친근했던 모든 것들의 손을 놓아야만 할지도 모릅니다.

친구들을 만났습니다. 인습에 얽매이지 않은 자유로운 언행 때문인지 그들과 얘기하는 게 쉽지는 않았습니다. 나는 이런 변화들을 이해하며 받아들이려고 노력하고 있습니다. 이러한 변화를 겪다 보면 새로운 벗들을 만날 것이고, 반대로 옛 친구들은 잃게 되겠지요.

사람들은 평범한 자신들의 모습과는 생각이 다른 사람들이나, 변화 자체를 두려워하는 것 같습니다. 오랜 세월 이어오던 익숙한 사상에는 안정감을 느끼고, 새로운 사상은 현재의 안위를 빼앗아갈 위협적 요소가 되리라고 여기는 것 같습니다. 그래서 그런지 새로운 사상에 동조하는 사람들을 '믿기 힘든 사람'이라고 치부해버리기도 합니다.

내 가치 판단의 기준도 변화하고 있습니다. 내 인생을 의미 있고 성공적이고 만족스러운 것으로 만들어줄 것이라 생각했던 많은 것들이, 더 이상 중요하게 여겨지지 않습니다. 적어도, 그것들이 더 이상 내 마음에서 우선순위를 차지하지 않습니다.

그런 것들 중 하나가 '가르치는 것'입니다. 무슨 말인지 모르시겠다고요? 그럼, 당신은 누군가를 가르치거나 도와주는 게 자칫 잘못하면 자기가 만족하는 선에서 끝날지도 모른다고 생각해본 적은 없나요?

가르치는 것과 실제로 살아가는 것 사이에는 모순이 있습니다. 왜 이러한 모순이 생겨날까요? 이 의문은 내게 중대한 문제입니다. 물론 이 문제가 다른 사람에게는 무의미하고, 관심의 대상에도 끼지 못할 수도 있습니다. 사람들은 저마다 살아가는 모습도, 중요하게 여기는 것도 다르니까요.

생계를 위해 일할 필요도, 부양해야 할 가족도 없는 나는 더욱 그렇습니다. 감각적 쾌락에서 만족을 얻지도 않고, 대화하는 사람이 많지도 않습니다. 말하자면 나는 걱정할 일도, 책임질 것도 없습니다.

그래서 나는 내게 주어진 풍족한 시간 덕분에 삶과 삶의 의미에 대해 생각합니다. 심각하게 고민해야 할 다른 주제가 없어서 그런지 삶과 삶의 의미는 내게 중요한 문제로 다가옵니다.

물론 어떤 정형화된 해답에도 의지하지 않는 나는, 힘

들어도 나 자신만의 답을 자유롭게 찾아갑니다.

나도 때로는 좌절에 빠지기도 하고, 기력이 소진되어 고생도 합니다. 그럴 때일수록 나는 근본적이고 단순한 것으로 돌아가, 어떤 선입견도 없이 새롭게 삶을 바라보려고 노력합니다.

집착에서 벗어난 평화로운 순간에는 아무것도 중요하게 다가오지 않습니다. 오직 몇 가지 근본적 진리들, 즉 무상anicca, 무아anattā, 갈망samudaya, 고통dukkha, 탐욕lobha, 성냄dosa, 어리석음moha 등이 뚜렷하게 그 모습을 드러낼 뿐입니다.

이들 중에서 가장 나쁜 것은 어리석음입니다. 사람들이 이를 관찰할 수 있는 기회를 갖지 못하는 것은 안타까운 일이기도 합니다.

사상은 너무나 급진적입니다. 그래서 보수적인 사람들과 대화하는 것은 쉬운 일이 아닙니다.

더군다나 누구든 다른 사람들을 가르친다는 것 역시 조심스럽습니다. 내가 가지고 있는 생각이나 느낌을 있는 그대로 말한다면, 많은 사람들과의 관계에서 문제가 일어날 것입니다. 그러므로 솔직하기가 쉽지가 않습니다.

진솔하고 열린 마음으로 사람들을 대하고 싶지만, 문제를 일으키는 것 역시 바람직하지 않습니다. 따라서 고요히 침묵하는 방법을 배우든지, 그렇지 않으면 은둔자가 되는 수밖에요.

천박함, 과도한 순수성에 대하여

초음속을 넘나드는 극도의 분주함과 최고의 산만함, 그리고 천박함까지 넘치는 이 세상에서 대다수의 인류가 제정신이기를 바랄 수 있을까요? 아니, '몇몇 사람들'만이라도 말입니다. 나머지 사람들은 그저 먹고 자고 로큰롤을 듣다가 죽으라고 놔둡시다.

사람들은 점점 기성복처럼 변해갑니다. 공장에서 대량 생산되어서 개성이나 멋도 없고, 얼마 못 가 헤지는 싸구려 옷들처럼 독특한 개성을 잃어갑니다. 나는 내 몸에 맞춘, 멋과 질을 겸비한 옷을 택하렵니다.

인공위성에 대해 공부한 적이 있습니다. 인공위성은 지구의 둘레를 점점 더 큰 반경으로 도는데, 이렇게 지구의 둘레를 돌다 보면 조금씩 지구에서 멀어집니다. 그러다 일정 단계에 이르면 중력의 영향에서 벗어나 우주 멀리 나가버린다고 합니다.

나는 요즘 내 자신이 이런 인공위성과 같다고 여겨집니

다. 그것도 빈번히, 아주 강렬히 말입니다.

> 뭔가에 의해 구별되는 것은 항상 유쾌한 일이다. 나는 그저 이 심각한 시대에 심각하지 않은 유일한 사람으로 구별되길 바란다.
>
> _쇠렌 오뷔에 키르케고르

나는 말을 많이 하고 싶지 않습니다. 사람들은 대개 특별히 할 말이 있어서가 아니라, 그저 시간을 죽이려고 말을 합니다. 그런 사람들과 뭔가에 대해 깊이 있게 대화하고자 한다면, 서로가 이야기의 내용을 잘못 이해할 수 있으며, 다른 사람들의 비웃음의 대상이 될 수도 있습니다. 이해란, 매우 소중하고 드문 현상이니까요.

> 사람이 하루나 이틀, 한 해나 두 해 동안 아무 탈 없이 건강할 수는 있다. 하지만 만약, 잠시 동안이라도 자신의 마음이 완벽히 건강하다고 주장하는 자가 있다면, '어리석은 자'라는 것 말고 달리 그를 부를 말이 있겠는가?
>
> _고타마 붓다

친구여! 당신은 누구입니까? 당신은 마음이 건강한 자입니까? 아니면 어리석은 자입니까? 항상 건강하다고 말한다면, 당신은 어리석은 자인 것입니다!

　　당신은 이에 대해 어떻게 생각합니까? 당신은 편안함 속에서 미소 지으며 죽을 수 있기를 원하겠죠? 아닌가요?

스스로를 먼저 돕는 삶

담마를 전함으로써 타인을 돕는 일과 인류에 대한 봉사 혹은 구제를 삶의 1순위로 놓는 사람들은 무엇이 진실로 중요한지 모릅니다.

하지만 지적으로 깨어있는 사람에게 인생에서 가장 가치 있는 일은 자신의 인생을 진실하게 열정적으로 사는 것입니다. 자신의 진정한 본성을 더 깊이 이해하기 위해 분투하는 것입니다. 다른 누구를 돕는 것은 그 다음이어야 합니다.

나는 이제까지 무의식적으로 누구에게나 실용적이고, 유용하고, 어떠한 관점에서 봐도 합리적인 그런 삶의 방식을 추구해왔습니다. 타인의 이해와 사고방식을 너무 존중하고 의식해온 것이지요.

그러나 지금은 그것이 중요한 게 아니라는 걸 압니다. 내가 하는 모든 행위를 해명해야 할 필요는 없다는 걸 깨달은 것이지요.

나는 내가 원하는 것을 하면서 살았습니다. 그러면서도 내 행위가 다른 이들에게 합당하게 보이게끔 설명하려 애썼습니다.

하지만 지금은 내 사적인 삶에 다른 사람들이 깊이 관여할 바가 없음을 알기에 타인들이 기대하는 삶이 아닌 나 스스로 만족스러워할 방식에 따라 살아갈 것입니다.

사람들이 '너도 했으면 한다'고 강요하고 눈치 주는 것들을 하며 살아가는 것은 얼마나 큰 인생의 낭비인가요? 그런데 당신은 진정으로 당신에게 의미 있고 만족스러운 게 무엇인지 알고 있나요?

행복 자체는 내게 만족을 주지 못합니다. 단순한 사유와 성찰을 통해서가 아니라 삶을 통해, 이상이 아닌 실체를 진정으로 이해해가는 것. 내게 만족은 이런 것을 의미합니다.

내 육체는 비록 기존의 전통을 따르고 있고 따를 수밖에 없으나, 정신적으로 나는 독특한 나름의 삶을 살아갑니다.

내 마음속에서 항상 주석을 달고 해석하고 있는 이 친구는 정말 성가신 존재입니다. 생선살 속의 가시 같이 말입니다. 이 친구는 모든 현상에 토를 달고 싶어합니다. '사람들이 무엇을 배우길 원하나?', '그들이 무엇이 되길 원하나?', '어떻게 그걸 이룰 것인가?' 같은 것들 말이지요.

당신은 어떻게 살 건가요?

나는 나와 인류를 동일시하곤 합니다. 모든 인류의 문제를 내 것으로 받아들이는 것입니다. 이것이 좋은지 나쁜지는 모르겠습니다. 하지만 어쨌든 나는 그런 식으로 사고하도록 배워왔습니다.

그러나 이제 나는 그것이 얼마나 큰 짐인가를 압니다. 왜 내가 그 모든 문제를 풀어야 하며, 내가 무엇이길래 그 모든 걸 해결하려 드는지…. 나는 남들의 문제를 해결할 수 없습니다. 내 문제만으로도 벅찹니다.

내게는 아무런 문제도 없을 것이라 생각하는 사람들이 있습니다. 물론 같은 종류의 문제는 아니지만, 내게는 나만의 문제, 대부분 사람들의 관심사 밖에 있는 내 나름의 의문들이 있습니다. 나는 그 해답을 찾고자 노력합니다.

대부분 사람들을 만족시키는 해답으로는 나를 만족시킬 수 없습니다. 그 사람들에겐 모든 질문의 답이 책에 있겠지만, 내겐 그렇지 않으니까요.

판자로 지은 성곽, 바람에 날려가고.
꿈을 놓아버리기란 참으로 힘든 것.

_우 조티카

사소한 문제들이 마음을 분주하게 합니다.

나는 대부분 사람들이 원하는 것들을 소유해봤습니다. 그리고 뭔가를 소유하고자 노력할 때마다 그것이 내 인생을 좀 더 의미 있게 만들 거라 믿었습니다. 그러나 내가 원하던 것을 얻고 나서 보면 그것은 또 다른 놓아버려야 할 대상에 불과하다는 사실을 깨달았습니다.

놓아버리는 순간마다 일종의 깨어남을 경험합니다. 그래서 더 이상 놓아버릴 게 없는 그때까지 놓아버리려고 합니다. 물론 지금 내가 하고 있는 것, 또 지금까지 해왔던 일들이 내게는 정말 소중한 것입니다. 하지만 그것이 다른 이들에게는 그리 큰 의미로 다가가는 것 같지 않았습니다.

그러니 내게 소중했던 것들이 내가 죽은 후에는 모두에게 잊혀지겠지요. 그렇지만 그건 그리 중요한 게 아닙니다. 지금 중요한 것은 내 인생을 얼마나 가치 있고 의미 있게 살아가는가 하는 것입니다.

칭송과 비난도 내게는 더 이상 중요하지 않습니다, 그것들은 편파적이니까요.

이 외에도 갈퀴처럼 내 마음을 사로잡던 것들의 매력이 그 힘을 잃어갑니다. 정치, 과학·기술의 진보, 심지어는 종교까지도요.

사람들이 믿는 것을 살펴보면 놀라울 때가 많습니다. 사람들은 어떤 식으로든 뭔가를 믿지 않고는 살아갈 수 없는 것 같습니다. 당신은 어떤 종류의 믿음도, 기대도 없이 살아간다면, 그 삶이 어떤 모습일지 상상할 수 있나요?

급하게, 급하게만 돌아가는 삶. 정신없고 거추장스럽고, 무미건조하고 조급함…. 지구상에 진정 지적인 생명체가 존재할까요? 그럼 지성知性이란 뭔가요?

전진하되 서로를 속이려고 하지는 말라. 나 역시 더도 덜도 아닌 인간이다. 나에게 대화를 나누는 영광을 선사해줄 그 누구도 그저 한 인간이다. 허나 만일 그가 추상적인 것에 대해 끝임없이 사변적인 철학을 늘어놓으며 이론적인 생각만 말한다면, 나는 그와 대화할 수 없다.

_쇠렌 오뷔에 키르케고르

구루, 스승, 가르침

비구나 스승, 성자, 혹은 어떤 역할이든 연기를 하는 사람과 대화할 때마다 나는 혼란에 빠집니다. 자신이 비구니, 영적 스승이니 하는 것은 스스로를 제한하고 구속합니다.

나는 자유롭게 말할 수 있었으면 합니다. 비구다운 말만 해야 하는 건 정말 지루한 일이지요. 그렇게 하지 않는다고 해서 붓다에 대한 내 깊은 존경심이 사라지는 것도 아닙니다.

이 시대에 특히 불교 문화권에서 비구가 된다는 것은 '비구처럼 말하고 행동해야 하는 것'을 뜻합니다. 내 생각을 표현할 기회를 잃은 채 '비구가 말해야 하는 것들', '사람들이 비구에게 기대하는 바로 그것들'만 계속 말해야 하는 것입니다. 나는 그런 곤경에 붙들려있습니다.

불자buddhist라는 말이 근래에 나온 것임을 알고 있나요? 예전에는, '정견正見을 가진, 바르게 볼 줄 아는 이'라는 뜻의 sammā-diṭṭi-vādī라는 말을 사용했습니다. 그렇다면 요즘 당신은 바른 견해를 가지고 있습니까?

> 그대가 모든 악惡의 가능성을 지녔기에, 나는 그대에게 선善
> 도 기대하는 것이다.
>
> _프리드리히 빌헬름 니체

사람들은 습관적으로 몽상에 빠져듭니다. 그들은 자신
의 마음을 살피는 것, 현재에 마음을 두는 것을 원치 않습니
다, 현재에서는 몽상할 만한 그 무엇도 발견할 수 없어서일
것입니다.

지금 나의 가장 큰 과제는 내 마음을 깊이 명료하게 보
는 것, 그래서 내 자신에게 속지 않는 것입니다. 자신이 뭔
가를 믿지 않을 때는 어떤 것을 믿으려고 애쓰기보다 자신
이 그것을 믿지 않는다는 사실을 분명하게 마음챙김해야 합
니다.

어제 한 비구가 찾아왔습니다. 그는 내게 단박에 깨달
아서 붓다가 되기를 서원했다고 말했습니다. 뿐만 아니라 그
는 자신이 붓다가 되리라는 확신이 있다고 했습니다.

그래서 나는 "그것에 대해서는 누구도 확신할 수가 없
는 겁니다"라고 했습니다. 그러자 그는 불같이 화를 내며 그

후로도 두 시간 동안 내가 자기 말을 믿게 하려고 애를 썼습니다. 그는 그렇게 이때까지 만났던 모든 사람들에게 자신이 반드시 붓다가 될 거라고 말하고 다녔습니다.

이런 과대망상증 환자는 미얀마에 드물지 않습니다. 하하! 화내는 것보단 웃는 편이 낫겠습니다.

많은 것들이 그 중요성을 잃어가고 있습니다. 그래서 누구도 진위 여부를 확신할 수 없는 것에 대해서는 할 말이 줄어듭니다.

내게 가장 중요한 것은, 지금 현재 내가 경험하는 것입니다. 무얼 깨달으려는 노력 없이 마음챙김하며 바라보기만 할 때, 모든 것들이 더 단순하고 명료하게 그 모습을 드러냅니다. 나 자신에게 일어나는 일들을 지금은 더 자세하고 강렬하게 느낄 수 있습니다.

지금 현재 내게 일어나는 현상들은 그것이 좋든 싫든 나와 함께하는 유일한 것입니다. 그래서 더욱 중요합니다.

다수의 생각에 동의하고 싶어하는 못된 취향을
버려야만 한다.

_프리드리히 빌헬름 니체

우 조티카 사야도와 위무띠 법주 스님. 송광사에서

남의 평가는 절대 중요한 것이 아닙니다.
지난 과거와 앞으로 올 미래의 많은 것들 또한
중요한 것이 아닙니다.

내게 가장 중요한 것은,
지금 현재 내가 경험하는 것입니다.
무얼 깨달으려는 노력 없이 마음챙김하며 바라보기만 할 때,
모든 것들은 더 단순하고 명료하게 그 모습을 드러냅니다.

사람에게 가장 중요한 과제는 삶에서 일어나는 모든 것들을, 지적으로가 아니라, 경험적으로 깊이 이해하는 것이라고 생각합니다.

말하고 행동할 때 그 속에 있는 자신의 의도와 태도를 명료히 보면서, 감지하는 대상에 대해 일어나는 반응을 왜곡됨 없이 이해하고, 누구에게 속거나 스스로를 속이지도 않고, 어떤 이도 추종하지 않으며, 단지 아름답게 들린다는 이유만으로 어떤 이상을 자신의 것으로 받아들이지 않고, 직접 그것이 순리에 맞고 가능한지, 그로 인해 어떤 결과가 나올지 알아내야 합니다.

어떤 일을 시작하고자 할 때 자신의 능력과 한계를 정확히 파악해야 하고, 이 모든 것들을 분명히 이해할 때, 비로소 나는 타인을 돕는 것에 대해 고려해볼 수 있다고 생각합니다. 만일 스스로에 대한 이런 이해가 선행되지 않는다면, 당신은 자신을 속이게 될 것이고, 또 타인들을 돕는다는 명목 아래 그들을 속이게 됩니다.

반면에 타인을 돕는다는 게 자신의 세력을 확장시키는 과정이 될 수도 있습니다. 이런 일들은 도처에서 발견됩니다.

어떤 문제가 분명해지면,

그것은 우리에게 더 이상 문제가 아니다.

_프리드리히 빌헬름 니체

　

옛날에 뱀이 한 마리 있었습니다. 하루는 벌 한 마리가 날아와 뱀의 이마를 쏘고는 떨어지지를 않았습니다. 뱀이 벌을 떼어내려고 아무리 애써도 벌은 도무지 떨어질 생각을 안 했습니다.

그때 약이 바짝 오른 뱀의 시야에 소가 끄는 무거운 짐수레가 보였습니다. 수레를 본 뱀은 벌에게 "내 따끔한 맛이 뭔가를 보여주지!"라고 말하고는 곧장 마차가 오는 길로 나가 바퀴가 지나갈 자리에 머리를 대고는 의기양양하게 기다렸습니다.

마차는 조금의 망설임도 없이 달려와 뱀의 머리를 깔고 지나갔습니다.

뱀은 정말 그의 말대로 벌에게 멋지게 복수한 셈입니다. 뱀이 얼마나 영리했는지 보십시오. 세상에는 이 뱀과 같은 이들이 결코 적지 않습니다.

　

내가 완벽하기를 기대하시나요? 글쎄요, 단 한 가지는 완벽합니다. 난 완벽한 바보입니다. 물론 어리석지는 않습니다. 하지만 세속에서 보면 정말 대단한 바보입니다. 나는 이런 내 모습을 편히 받아들입니다.

사람들의 견해는 쉽게 변하지 않습니다. 본질적 변화는 담마수행으로만 가능합니다. 하지만 그 경우에도 많은 시간이 필요합니다. 바른 견해를 갖기 위해서는 자신을 명료하게 보는 마음챙김이 필요합니다. 하지만 결코 쉽게 얻어지는 지혜는 아닙니다. 그래서 나는 사람들에게 너무 많은 걸 기대하지는 않습니다.

현대인이 원하는 가치

방콕에 대해 친구가 보낸 글은 정말 충격적이었습니다. 미얀마도 언젠가는 그렇게 되겠지요. 그것이 한 사회가 현대화되기 위해 치러야 하는 대가인 것입니다.

그렇게 사느니 나는 산에 있는 소박한 오두막에 살면서 간단한 음식을 먹고, 신선한 공기를 호흡하고, 여유롭게 일하며, 돈이나 지위에 대해 걱정하지 않고, 주중이니 주말이니 할 것도 없이 호사스러울 게 전혀 없는 삶을 사는 게 차라리 낫다고 생각합니다.

우리는 찬탄과 인정, 존경과 사랑을 원합니다. 그리고 그것들을 얻기 위해 해야 할 일들을 하고 생각하며 살아갑니다. 그럼에도 우리는 자신이 가치 있게 여기는 것을 위해서가 아니라, 남들이 가장 가치 있게 여길 것이라 짐작되는 것을 위해 살아갑니다.

사람들은 감각적 쾌락과 사치품이 즐비한 인생을 천상 devaloka에서의 삶처럼 여깁니다. 그런 사람들이 감각적인 쾌락이나 사치품들이 꿈처럼 공허하다는 사실을 깨닫는 것은 정말 어렵습니다.

자신에게 가장 가치가 있는 것을 찾아내고, 주위와의 갈등 없이 자신의 철학대로 살아가는 게 중요합니다. 사람은 가치를 만들어내고, 그 가치에 의해 살아가는 존재입니다. 그래서 그런 가치들이 진정으로 자신의 인생을 바칠 만한 것인지를 알아야 합니다.

나는 일종의 규칙이나 공식을 맹목적으로 추종하지 않는, 융통성이나 분별력을 갖춘 친구를 원합니다. 주의 깊고, 방심하지 않고, 지성적으로 현명하고, 상황을 이해하고서 그에 맞게 행동하는, 역사상 최고의 현자가 말하는 가장 단순한 진리조차도 그 자신의 힘으로 찾으려는, 어떤 것도 당연하다고 여기지 않는, 홀로 서는 것을 두려워하지 않는 그러한 친구를 만나고 싶습니다.

사람들이 붙여준 명성이란 얼마나 우스운 것인가요. 얼마나 공허하고 성가신 것인가요.

사람들이 나에 대해 말하는 것을 전해들었을 때, 웃어야 할지 화를 내야 할지 모르겠더군요. 사람들은 얼마나 우습고 말도 안 되는 얘기들을 지어내는지요. 그들은 기만당하기를 원하며, 스스로를 기만하기까지 합니다.

나는 그들이 기본적으로는 순진한 사람들임을 알고 있습니다. 하지만 사람들은 진실보다는 전도된 화려한 소문에 항상 귀를 기울입니다. 왜 그렇게 소문에 민감할까요? 그렇게 함으로써 자신들이 얻는 게 뭔가요?

《기술의 환상 *The Illusion of Technique*》이라는 책을 읽었습니다. 흥미롭더군요. 붓다께서는 "무엇이든 단순히 체제나 철학에 부합한다 하여, 그것을 진실로 받아들이지 말라"고 하셨습니다.

기술이나 체제는 기만적입니다. 그것들은 인간의 산물이니까요.

자연은 어떤 체제에도 정확하게 부합되지 않습니다. 불교의 이론 Abhidhamma조차도 자연현상을 완전히 해석해내지 못합니다. 오히려 많은 부분에서 모자라지요. 우리는 그것을 읽고 이해하려 노력하며, 직접 확인해보면서 거기서 뭔가를 배울 뿐입니다.

많은 사람들이 서양 철학에 실망합니다. 나 역시 서양 철학이 만족스럽지는 않습니다. 하지만 그것으로부터 뭔가를 배울 수는 있다고 봅니다.

나는 자유를 원합니다.
한곳에서 오랫동안 머무르면 꼭 감옥에 있는 듯한 느낌이 듭니다.
미얀마 전통에 따르면, 나는 사자입니다.
내가 산(山)사자가 되어 산에서 포효하고 있는 것처럼 느껴집니다.
아, 자유! 나는 어떤 속박이나 굴레도, 구속도 견딜 수 없습니다.
나는 자유를 사랑하며, 그것은 그 어떤 것과도 바꿀 수 없습니다.

대부분의 실존 철학은 매우 우울합니다. 그들은 인생이 얼마나 끔찍하고 괴로운 것인지에 대해 말하지만, 어떻게 평화롭게 살 수 있는가에 대해서는 답을 내리지 못합니다. 대다수의 철학자들은 혼돈스럽게 헤매는 머리만 있습니다. 그들이 하는 거라곤 생각뿐입니다. 서양 철학자들의 삶을 보면 행복하지도 않습니다. 실제로 그들 중 적지 않은 수가 정신질환을 앓았습니다.

대부분의 평범한 사람들은 생각을 그리 많이 하지도 않고, 철학책을 읽지도 않습니다. 그런데도 철학자들보다 더 행복합니다. 서양 철학을 읽을수록 나는 붓다의 가르침의 진가를 더 깊이 깨닫습니다. 붓다의 가르침은 의미 있으며 실제적이니까요.

붓다의 자애, 더불어 기뻐함muditā, 평정심upekkhā, 계율 sīla, 집중samādhi, 마음챙김, 지혜paññā. 이것은 삶에서 진정으로 중요하고 의미 있는 요소들이며, 우리 안에서 개발되었을 때 우리의 삶에 큰 변화를 가져올 수 있는 것입니다.

철학과 과학은 여러 면에서 많은 이들이 독단에서 벗어나는 데 큰 도움이 되었습니다. 이것이 철학과 과학의 가장 긍정적인 측면입니다.

동시에 철학과 과학은 사람들의 마음속에 공허함을 남

겨놓았습니다. 사람들은 당장 그들의 눈을 가리고 있던 환상에서는 깨어났지만, 길을 잃었습니다.

하지만 그 이유로 철학과 과학을 비난할 수 있을까요? 철학과 과학은 나로 하여금 종교에 대한 부모님의 믿음으로부터 자유로울 수 있게 해주었습니다. 하지만 그것을 대처할 길을 제시해주지는 못했습니다.

삶에 의미를 부여하는 것은 자신의 몫입니다.

실존 철학에 대한 이해는 서구인들과 그들의 문제와 사고방식과 그것의 부족한 점 그리고 그들이 자신의 문제를 풀려고 노력하는 방식을 이해하는 데 도움을 줍니다.

붓다의 가르침이 그들에게 도움이 될 수 있을까요? 만약 그렇다면 어떻게 그럴까요?

불교 스승들의 가르침 방식은 각 문화와 나라들의 특성을 넘어 공통적으로 도움을 줄 수 있나요? 아니라면, 왜 그런가요?

남을 이해하는 것은 나 자신을 이해하는 데도 중요합니다.

세상은 앞뒤도 다르고, 겉도는, 허위적인 쇼show 같습니다. 어리석은 이들은 세상이 만들어내는 화려한 환상의 덫에 걸려듭니다.

암시

마치
세상과 사람들을 돕기 위해
온 듯 행동하지만
정작 내가 느끼는 것은 공허.
추하기까지 한 나의 실체를
보는 것은 두려운 일이다.
의미 없는, 공허한 존재로
이 마음의 허함을 채울 뭔가를 찾아 헤맨다.
내 인생에 의미를 부여할
아름답고 가치 있는 것이라 여겼던 모든 것들은
고요히 들여다보는 순간, 그 허한 실체를 다시 드러낼 뿐.
내 자신의 환상을 깨지 못했으매
무엇 때문에, 누구를 가르치려 하는지.
어쩌면 이런 내 모습을 숨기기 위함일지도 모른다.
자비와 사랑을 논한다.
깊고 아름다운 말들에 젖어
마치 하늘에 닿을 듯 높이 날아.
정작 마음은 불안과 불만에 싸여
초연함을 가장하고.

다시 마음은

은밀히

그 초연함으로

세상에 알려지기를 원한다.

검소를 논하나

마음은 물질적 여유에 녹아

선물에 기뻐하고 자만에 빠지며,

청정과 고결을 말하나

자신의 존재를 똑바로

응시할 용기가 없네.

이 얼마나 큰 위선인가.

사람들은 말한다.

"현명하고 행복한

당신은 아름다운 사람입니다."

이것이 진실이길 나 역시 바라는 바.

_우 조티카

진리를 찾는 자여

어느 길도 따르지 말라

모든 길은

진리가 있는 바로 이곳으로 향하나니.

_에드워드 에스틀린 커밍스

보편타당한 삶에 대한 거부

한 친구는 자신이 해온 여러 담마수행 모임이 실패했다고 자책하면서, 자신의 나태함과 통상적인 형식과 제도에 대한 환멸을 내게 말해주었습니다.

나는 그가 처한 상황을 아주 잘 이해할 수 있습니다. 내 사정도 많이 다르지 않아서 그렇습니다. 지적으로 더 많이 알아갈수록 더 외로워질 것이라고 생각합니다.

나는 여전히 판단으로부터 벗어난 '열린 의사소통'을 갈망합니다. 하지만 그것이 불가능하다는 걸 깨닫고 있기에 더 이상 괴롭지는 않습니다. 나는 고독과 함께 홀로 사는 법을 배우려고 노력하고 있으며, 또한 그것을 배워야만 합니다. 나는 내 자신을 별처럼 느낍니다. 서로 수억 광년 떨어져 있는 별들 중 하나. 인간은 사실 모두 절망적이리만큼 외로운 존재들입니다. 이 사실을 좀 더 예민한 사람들이 더 민감하게 느낄 뿐이지요.

사람들이 수행하면서 분명히 봐야만 하는 아주 중요한

것은, 불선不善한 마음이 그들 자신을 고통스럽게 만든다는 사실입니다. 그래서 불선한 마음 상태를 있는 그대로 분명하게 보라고 하는 것입니다.

불선한 마음은 내 안에 고통을 일으킵니다. 아울러 또 다른 고통의 씨앗이 되기도 합니다. 반면에 선善한 마음은 자신을 평화롭게 하며, 또다른 평화의 바탕이 되기도 합니다.

사람들은 무엇을 원하나요? 모든 사람들은 고통을 거부하고 행복을 추구합니다. 행복하기 위해서는 먼저 무엇이 당신을 고통스럽게 만드는지를 알아야 합니다.

사람들은 자신의 불선한 마음이 스스로를 고통스럽게 만든다는 사실을 보지 못합니다. 그러나 대부분에게는 이 사실을 받아들인다는 것 자체가 어렵습니다. 그들은 감각적 즐거움과 욕망하는 것을 소유하면, 그것이 자신을 행복하게 만들어준다고 생각하니까요.

당신이 당신 마음 안에서 행복해진다면, 행복해지기 위해 그리 많은 것이 필요하지는 않을 것입니다.

"고행이라는 이상이 없다면, 인간의 삶은 동물의 삶처럼 의미가 없다."

"가장 정신적인 이들이야말로 진정 강한 자들이다."

"대중적 취향에 맞춰보려는 단 한 번의 타협조차도 지적인 고결성을 상실시킬 것이다."

_프리드리히 빌헬름 니체

"자신을 정복하는 위대함을 통해 인간의 고결한 힘은 그 모습을 드러낸다. 내면의 자아를 제어하는 법을 모르는 이는 자신의 자만이 이끄는 대로 이웃의 의지를 통제하려 든다."

_요한 볼프강 폰 괴테

당신의 가장 아름다운 환상은 무엇입니까?

아! 아름다운 꿈들! 그 꿈들은 나를 행복하고 풍요롭게 해주었습니다.

내가 어렸을 적에 꿈은 유용했습니다. 그러나 지금 나는 '꿈은 오직 꿈일 뿐'이라는 사실을 압니다.

이따금 나는 어릴 때처럼 다시 꿈꿀 수 있기를 바라곤 합니다.

그렇습니다. 꿈을 꾸는 것은 무지한 행복이지요! 실현 불가능한 행복 말입니다.

나는 홀로있음, 그러니까 고독이 무엇을 의미하는지 압

니다.

나는 고독에 대비해 나 스스로를 준비시키고 있습니다. 그것은 나의 운명입니다.

달콤하고 달콤한 고독. 그 고독 속에서 당신 자신과 깊이 접촉하십시오.

나는 '가르친다'는 것에 점점 흥미를 잃고 있습니다. 하지만 지적이고 마음이 열린 사람들과 이야기를 나누는 것은 여전히 좋아합니다.

모든 것을 다 아는 양 설교자처럼 말하는 사람의 얘기는 가장 듣기 힘이 듭니다.

오래전에 만난 한 친구는 자신을 이렇게 표현했습니다. 유대계 미국인, 너무 많은 것을 알고 있지만 자신의 인생을 위해서는 무엇을 어떻게 해야 할지 모르는 사람, 세상을 시시하고 우스꽝스럽게 보고, 어떤 것도 진지하게 받아들일 수 없다 보니 그것이 심각한 문제가 된 사람.

이것은 나에게도 해당되는 문제입니다. 다른 점이 있다면 나는 내 마음을 마음챙김하면서 알아차리고 있다는 것입니다.

나는 내 자신을 별처럼 느낍니다.
서로 수억 광년 떨어져있는 별들 중 하나,
인간은 사실 절망적이리만큼 외로운 존재들입니다.

의존과 환상으로부터의 해방

사람들은 친절함을 베풀면 그것을 고마워하기는커녕, 친절을 베푼 사람이 '이용하기 좋고 어리석다'고 여기고 속입니다. 그들은 다른 사람들에 대한 존중심을 가지고 있지 않고, 사람들과 좋은 관계를 맺는 법을 배우지 못했기 때문입니다. 아마도 그들은 서로를 속이는 부모나 배우자 들과 함께 살았거나 인간적인 존중을 받아본 적도 없을 것입니다.

남을 속이지도 않고 함부로 대하지도 않는 그런 사람을 찾기는 쉽지 않습니다.

우리가 다른 사람들을 정직하고 순수하게 대하지 않는 이유는 그들을 믿거나 존중하지 않기 때문이며, 또한 자신을 신임하지 않기 때문입니다.

우리가 서로를 존중하고 신뢰한다면 서로를 이용하고 기만하는 일은 없을 것입니다.

속이고 마음대로 다루려 드는 것은 나약함과 미성숙함의 증거입니다.

인생은 신비,

이를 느낄 수 없는 사람들은

삶의 기쁨과 경이를 알 수 없다네.

헛되이 인생을 설명하려 애쓰는 사람들

어찌 성공하길 바랄 것인가.

나는 과학자이기보다는 신비주의자이고 싶네.

어떤 신비주의자는 과학자이기도 하다네.

_우 조티카

자기기만은 성장이나 통찰로 이끌어주지 못합니다. 진실을 보고자 한다면 용기와 정직함이 있어야 합니다.

우리는 부분적으로 천사이기도 하고, 악마이기도 합니다. 우리가 우리 안의 악마를 부정한다면, 그것은 어둠 속에서 지속적으로 우리를 괴롭힐 것입니다.

악마를 밝은 대낮으로 나오게 하십시오. 허구적 믿음, 미몽, 자기암시는 삶을 더욱 공허하게 만듭니다.

외롭고 공허한 사람들이 사는 우리 사회에는 사랑을 가장한 온갖 종류의 의존이 존재한다. 의존은 사적인 관계와 기생적인 마조히즘을 포함하는 그럴듯하고 건전한 이름의 '호혜적 욕망 충족'이라는 형태를 띤다. 혼자서는 외로움과 공허함을 느끼는 두 사람이 서로를 고독에서 지켜주기 위해, 일종의 묵시적 거래의 형태로 관계를 맺는 것은 그리 드문 일이 아니다.

_롤로 메이

"가장 고통스러운 쟁점은 자기 자신에 대한 실체와 진실을 보는 것이다."
"당신이 완고하다면, 그것은 자연스러움을 떠난 당신 자신만의 태도다."

_마에스터 에크하르트

삶의 목표가 없는 것은 당신에게 '인생에서 가치 있게 생각하는 것'이 아무것도 없다는 뜻입니다. 그렇다면 당신이 가치를 부여하고 있는 모든 이상은 누군가들에게서 빌려온 것일 뿐입니다. 지금 당신에게는 발을 딛고 서있을 견고한 지반이 없는 것입니다.

"누구도 가장 중심이 되는 것을 외부에서 가져올 수는 없다."
"어렵더라도, 우리는 우리 자신과 우리가 사는 사회를 받아들여야만 한다. 그리고 역사적 상황에 용감하게 대응하는 것은 물론, 자신에 대해 깊이 이해함으로써 우리의 윤리적 중심을 찾아야만 한다."

"사랑하는 방법을 배우려면 일단 '어떻게 사랑에 실패하는가' 먼저 경험해보라."

_롤로 메이

CHAPTER 4

삶과 죽음에 대하여

욕망은 우리로 하여금 '욕망이 충족되면 행복해진다'고 믿게 만듭니다.
그러나 욕망을 충족시키는 일은 끝이 없습니다. 생각해보세요! 우리는 '언젠가,
언젠가, 언젠가는… 행복해질 거야'라고 생각합니다. 그러나 그 '언젠가'는 항상
당신보다 한발 앞서갑니다.

"나는 지금 행복해"라고 말할 수 있다면, 당신은 행운아입니다.

우 조티카 사야도와 위무띠 법주 스님

고통마저도 의미 있는 것

인생의 모든 문제를 생각함으로써 자신을 괴롭히지 마라. 당
신에게 일어날 수 있는 모든 문제를 단 한 번에 감당하려고
하지 마라. 스스로에게 자문하라. "견디기 힘들고 참을 수 없
는 이것, 여기에 무엇이 있는가?" 당신은 고백하기가 부끄러
울 것이다.

_마르쿠스 아우렐리우스

당신이 이 생에서 해야 할 가장 중요한 일은 무엇입니
까?

인생은 어려움으로 가득 차있습니다. 그렇다고 인생을
싫어하지는 마십시오. 삶은 많은 것을 배우고 성장할 수 있
는 절호의 기회입니다.

인생에는 배워야 할 교훈이 있고, 얻어야 할 지혜가 있
습니다. 이 생에서 깊이 있는 배움을 얻지 못한다면 다시 돌
아와 배워야 할 것입니다. 죽고 살기를 반복하는 윤회의 과

정에서 어려움을 겪더라도, 올바른 태도와 적절한 시각을 가진다면 그 어려움은 의미 있는 게 될 것입니다.

당신은 다른 사람들이 의미 있는 삶을 살도록 도와주어야 하고, 또 어딘가에는 당신을 도와줄 사람들이 분명 존재합니다. 우리는 틀림없이 어떤 업연業緣을 갖고 있습니다. 그래서 우리는 서로를 도와야 합니다.

고통이 없다면 배움도 없습니다. 모든 어려움들을 의미 없는 것이라고 생각하지 마십시오. 제자리걸음만 할 수는 없지 않습니까! 앞으로 전진해나가야 합니다.

나를 죽이지 않는 범위에서 나를 힘들게 하는 것은,
나를 더 강하게 만들 뿐이다.

_프리드리히 빌헬름 니체

많은 고통과 실망, 절망, 후회에도 불구하고, 나는 여전히 인생이 흥미롭고 의미 있다는 사실을 발견합니다. 고통이 없다면 삶은 매우 피상적이고 권태로울 것입니다. 고통을 겪고 고통을 통해 배우고 성장하십시오.

당신이 상처받았다고 생각할 때가 상처에서 벗어나 새로운 생각과 가능성을 맞이할 수 있는 시기이기도 합니다. 기쁨은 슬픔이 커갈 수 있는 양만큼 커집니다.

인생에서 '완전함'이란 있을 수 없습니다. 오히려 '완전함'을 기대하지 않는 편이 낫습니다. 나 역시 완전하지 않습니다.

고통을 통해 욕망을 놓아버리기

나는 많은 고통을 받아왔고 지금도 마찬가집니다. 나는 침착하고 당당하게 고통을 맞이합니다. 고통을 내 삶의 아주 중요한 일부로 받아들입니다.

고통을 겪지 않는다면 내가 어떻게 뭔가를 배울 수 있을까요? 그래서 나는 고통이 없어야 한다고 생각하지 않습니다. 고통이 있으니까 일이 잘못되는 거라고 생각하지도 않습니다.

나는 고통을 극복하려고 하기보다는 고통 그 자체를 의미 있는 것으로 만들려고 노력합니다. 나는 고통을 깊이 이해하고자 하며, 고통에 저항하지도 않습니다. 고통이 있다고 하여 의기소침해지거나 동요하지도 않습니다. 오직 고통을 삶에서 충분히 맞아들일 수 있을 만큼 나 자신이 성숙하고 현명해지기 위해 노력할 뿐입니다.

나는 큰 고통을 겪을 때마다 초연함을 향해 한걸음씩

앞으로 나아갑니다. 고통을 통해 놓아버림을 배우는 것입니다. 집착samudaya은 고통dukkha을 초래할 뿐입니다. 이 얼마나 단순한 진리입니까?

힘든 삶을 사는 사람들은 순탄한 삶을 사는 사람들보다 더 많은 것을 배웁니다. 내 삶 또한 매우 고단하지만 나는 나의 삶이 좋습니다.

나는 고통을 통해 많은 것을 배웠습니다. 지금도 나는 고통을 아주 깊이 보고, 깊이 느끼면서 배우고 있습니다. 당신이 사띠, 즉 마음챙김하고 있다면, 당신은 고통을 통해 당신의 상황을 매우 깊이 볼 수 있습니다.

나는 걱정. 근심, 고통 없는 삶을 원치 않고 피상적인 삶도 원치 않습니다. 삶과 고통을 통해 모든 것을 배우고 싶을 뿐입니다.

과거에 내게 일어났던 모든 일들이 나를 지금 이 곳에 데려다놓았습니다.

나는 지금 의미 있고 평화로운 삶을 살기에 과거에 대해서도 만족합니다.

나는 나 자신과 모든 이들을 용서합니다. 또한 그들이 내게 했던 모든 일들에 감사드립니다. 그들이 내게 잘 해주었더라면 나는 비구가 되기로 결심하지 않았을지도 모릅니다. 지금 나는 그들을 더 잘 이해하고 있으며, 그들의 선한 마음에도 감사를 드립니다.

> 용서하는 것은 이해하는 것.
> 용서를 통해 자유를 얻는다네.
> 당신이 누군가를 용서할 수 없을 때,
> 당신은 매여있다네.
> 당신이 무아를 보면
> 용서할 당신조차 없다네.

_우 조티카

우리는 아직도 어린 소년이나 소녀처럼 쉽게 상처 받습니다. 그러나 불가피한 것은 받아들이는 게 마음의 평화를 유지하는 데 중요합니다.

삶은 내게 많은 것을 가르쳐주었기에, 나는 삶에 감사드립니다.

나는 오래 살아서 더 많은 것을 배울 수 있기를 바랍니다. 인생에는 나이가 들어서야만 배울 수 있는 게 분명히 존재하기 때문입니다.

당신이 상처받았다고 생각할 때가
상처에서 벗어나 새로운 생각과 가능성을 맞이할 수 있는 시기입니다.

기쁨은 슬픔이 커갈 수 있는 양만큼 커집니다.

삶은 하나의 예술

　대부분 사람들의 삶은 매우 피상적입니다. 사람들은 사회 구성원으로 태어나 그 사회가 만들어놓은 가치관에 따라 살아갑니다. 그들은 사회의 흐름에 휩쓸려가는 것이지요. 당신 자신의 가치를 창조하며 그것에 따라 살아가기 위해서는 당신이 삶으로부터 무엇을 원하는지 분명하게 알아야 합니다. 자신의 가치를 창조할 때도 그것을 계속 살펴보며 현실적인지 아닌지를 보고, 당신 마음에 어떻게 영향을 주는지를 보아야 합니다.

　인생을 살아가는 것은 또 다른 예술입니다. 뛰어난 예술 작품을 만드는 데 정해진 공식은 없습니다. 예술가는 항상 깨어있고 독창적이어야 합니다. 당신이 독창성을 잃는다면 예술 작품이나 예술가 모두 죽은 것과 같습니다. 그러나 독창적인 삶을 살아가는 사람은 극히 드뭅니다. 그러니 로봇처럼 구는 사람들이 놀라운 것도 아닙니다. 이런 사람들의 인생에 기쁨이 없다는 것은 어쩌면 당연한 결과인지 모릅니다.

인생에는 오르막과 내리막이 있습니다. 그것을 객관적으로 보는 것이 중요합니다.

고요히 지내십시오. 기다리십시오. 인내하십시오. 지금 할 수 있는 것을 하십시오. 영원한 것은 없습니다. 모든 것은 변합니다. 당신이 깨어있고 고요하게 지낼 수 있다면 상황은 변할 것입니다. 그러나 당신이 들떠서 미친 듯이 헤맨다면 상황은 더 복잡해질 것입니다.

사람들은 삶이 힘들다고 말합니다. 하지만 삶으로부터 많은 것을 배울 수 있습니다.

그리고 당신이 원한다면 당신은 윤회輪廻, 그러니까 회전목마와 같은 존재의 수레바퀴에서 벗어날 수도 있습니다.

당신이 어디에 살아서 어떤 사람들을 만나는가는 당신의 삶에서 결정적인 역할을 합니다. 어떤 사람이나 장소는 당신을 좋지 않은 분위기에 데려다놓을 수 있고, 그런 분위기는 당신의 마음에 상처를 입힐 수도 있습니다. 당신은 주변 사람들로부터 매우 민감하게 영향을 받지 않습니까.

삶이 꼭 나쁜 것만은 아닙니다. 때때로 삶은 축복입니다.

나는 다른 삶을 원하지는 않습니다. 나는 나 자신과 타인, 그리고 삶을 더 깊이 이해하고자 노력하고 있습니다. 특히 '이해한다'는 것은 내 삶에서 중요한 것입니다.

내 마음을 가볍게 만드는 것에 대해서는 마음을 두지 않습니다. 뭔가 대단한 일을 하려는 욕망도 없습니다. 단지 최소한의 고통과 최대한의 이해를 가지고 내 삶을 살아가려고 합니다.

삶에서는 많은 일들이 일어나기 마련입니다. 하지만 사람들은 그 일들에 그만큼 속을 썩어야 할 가치가 없다는 사실을 모르니 그런 일들을 필요 이상으로 심각하게 받아들입니다. 그리고 고통을 받습니다.

나는 내게 어떤 일이 일어나도 동요하지 않습니다. 나는 어떤 것이든지 놓아버릴 수 있기 때문입니다.

욕망을 향해 달음질치는 마음

세상은 제정신이 아닙니다. 하지만 그것에 대해 내가 무엇을 할 수 있을까요? 아무것도 없습니다. 아무것도 할 수 없는 일에 화를 내면서 시간과 에너지를 낭비할 필요가 있을까요?

당신은 오욕락五慾樂(시각, 청각, 후각, 미각, 촉각 등의 감각에 집착하는 것)이 즐거움보다는 더 많은 고통을 준다는 사실을 알아야 합니다. 당신이 즐거움을 원한다면 그 즐거움에 따르는 고통까지 받아들여야 합니다.

만일 고통을 원하지 않는다면, 즐거움도 추구하지 마십시오. 욕망과 번뇌는 인생을 복잡하게 만듭니다. 탐욕이나 욕망, 집착으로부터 자유로운 만큼 당신은 단순한 삶을 살 수 있습니다.

지금 당신에게 모든 것을 버리고 출가하라는 얘기를 하는 게 아닙니다. 비구가 되는 것은 아무나 쉽게 할 수 있는 일이 아닙니다. 하지만 당신은 단순한 삶을 사는 평범한 사람은 될 수 있습니다.

당신은 서로 상충하는 욕망들을 갖고 있습니다. 그것은
마치 두 마리 토끼들 중에서 어느 걸 잡을까 갈팡질팡하는
것과 같습니다. 결국 한 마리도 잡지 못하겠지요.

두 가지 중에 무엇을 진정으로 원하는지 알려면 먼저
당신의 마음을 깊이 이해하십시오.

'자신은 어떤 삶을 살기를 원하는가? 삶에서 어떤 가치
를 가장 높게 두는가?'를 스스로에게 물으십시오. 어떤 것에
도 만족하지 못하면서 우리들은 여전히 '○○하다면 행복할
텐데'라고 합니다. 그러나 만족을 추구하는 것은 고통을 추
구하는 것과 같습니다. 이 사실을 이해할 때 비로소 놓아버
림을 배우게 됩니다.

욕망은 우리로 하여금 '이러한 욕망이 충족되면 행복
해진다'고 믿게 만듭니다. 그러나 욕망을 충족시키는 것에는
끝이 없습니다. 우리는 '언젠가, 언젠가, 언젠가 … 행복해
질 거야'라고 생각합니다. 그러나 그 '언젠가'는 항상 당신보
다 한발 앞서 갑니다.

"나는 지금 행복해"라고 말할 수 있다면, 당신은 행운아
입니다.

서양에서 비구로 살아가는 친구로부터 편지를 받았습니다. 그는 편지에서 서양에서 비구로 사는 게 얼마나 어려운지를 털어놓더군요. 주변에서 너무 많은 일들이 일어나 수행하는 게 불가능하기 때문이라고 합니다.

　　나도 그 상황을 충분히 이해할 수 있습니다. 큰 도시에서 살아가는 것 자체가 정신없이 바쁘게 살아가도록 사람을 세뇌시킨다고 봅니다.

　　단순한 삶을 원한다면 먼저 마음을 단순하게 만드십시오. 그러면 삶도 단순해질 것입니다. 삶을 복잡하게 만드는 탐욕은 무지와 연관되어있습니다. 당신 주변의 사람들이 탐욕적이고 번잡하게 살아가고 있기에, 그런 사람들 틈에서 당신이 홀로 단순한 삶을 사는 것은 쉽지 않을 것입니다.

　　다른 사람들이 당신을 어떻게 보는가를 의식하지 않고 살아가는 것 역시 쉬운 일은 아닙니다.

　　인생의 대부분을 돈을 벌고 쓰는 데 낭비해서는 안 됩니다. 하지만 사람들은 그렇게 살고 있습니다. 당신이 뭔가를 사고 싶을 때, 스스로에게 이렇게 물어보십시오.

　　'이것이 내게 꼭 필요한가?'

　　단지 쓸모 있다고 해서 사지는 마십시오. 세상의 쓸모 있는 것들 중에는 불필요한 것도 너무나 많습니다.

　　당신이 가지고 있는 것을 최대한 활용하십시오. 종이는

자신이 제일 중요하다고 생각하는 것을 하십시오.
세상에는 당신이 하고 싶은 것들,
당신에게 도움이 되는 것들이 너무나 많습니다.
하지만 그것들을 모두 할 수는 없습니다.

우리는 자신의 삶을
자신에게 가장 중요한 일만 하도록 한정시켜야 합니다.

나무로 만듭니다. 나무를 사랑한다면 종이를 낭비하지 마십시오.

시간 역시 매우 귀중합니다. 우리는 잡다한 것을 읽거나, 얘기하거나, 이곳저곳을 돌아다니면서 시간을 낭비합니다. '시간을 죽인다'고 합니다.

우리가 이런 식으로 시간을 낭비하는 것은 아무것도 하지 않을 때 지루함과 권태를 느끼기 때문입니다. 마음은 일순간도 가만히 있지를 못하고 하나의 대상에 머물지 못합니다. 이 때문에 항상 흥밋거리를 찾습니다.

바쁘게 살지 마십시오. 불필요한 일을 줄이고 휴식을 취할 수 있도록 충분한 시간을 가지십시오.

번잡하지 않게, 단순하게 사는 것

_고타마 붓다

바쁜 것은 제정신을 잃는 지름길입니다. 자신의 삶을 절제할 수 있다면, 당신은 삶을 더 깊이 이해할 수 있을 것입니다. 삶에 대한 이해가 깊어지면 담마에 대한 이해도 깊어집니다. 담마에 대한 이해가 깊어지면 삶에 대한 이해도 깊어집니다. 담마와 삶은 동전의 양면과 같습니다. 당신의 하

195

루하루를 의미 있고 온전하게 만드십시오.

자신이 제일 중요하다고 생각하는 것을 하십시오. 세상에는 당신이 하고 싶은 것들도, 당신에게 도움이 되는 것들도 너무나 많습니다. 하지만 그것들을 모두 할 수는 없습니다. 그렇기 때문에 가장 중요한 일만 하도록 자신의 삶을 한정시켜야 합니다.

내 아버지는 사업가셨습니다. 그래서 늘 바쁘셨습니다. 가족과 함께 보내는 시간도 갖지 못하시면서 평생을 사셨고, 결국 아버지는 자녀인 우리에게도 낯선 사람인 채 돌아가셨습니다.

나는 아버지의 정신적·감성적 삶에 대해 아는 게 아무것도 없습니다. 아버지는 일벌레였습니다. 이런 아버지를 지켜보면서 나는 '내가 크면 절대로 바쁘게 살지 말아야지' 하고 마음먹었습니다.

내가 알기로 현명한 사람들은 과거에도, 현재에도 바쁘지 않습니다. 그들은 조용하고 평화롭게 살아왔으며, 인정이나 이름, 명예, 돈, 화려함 등에는 관심이 없었습니다. 보통 사람들이 성공의 기준으로 생각하는 이러한 세속적인 기준은 피상적일 뿐입니다.

물론 사람은 생업에 종사해야 합니다. 그러기 위해선 바쁜 생활을 피할 수는 없지만 중요하지도 않은 일들을 하면서 많은 시간을 허비하는 것은 정신 나간 짓입니다.

생각해보십시오. 당신은 당신 자신에 대해서조차 잘 알지 못합니다. 자신을 깊이 들여다볼 시간을 갖지 않으니까요. 자신의 내면은 내팽개치고 외부 세계만이 중요하다고 생각했기 때문입니다. 또 이런 삶이 너무 오래 지속되어 습관으로 굳어버렸기 때문이기도 합니다.

사실 당신은 당신을 사랑한다는 사람에 대해서도 잘 모르지 않습니까!

현대인들의 상실감에 대해 어느 정도 이해할 수 있습니다. 사람들이 그런 상실감에 빠지는 이유는 자신에게 너무 많은 기대가 쏟아지기 때문입니다.

성공적인 삶의 모델이 너무 굳어져있고, 폭이 좁으며, 물질적·상투적이고 불완전하다는 점도 문제입니다. 수많은 사람들에게 적용되는 성공 모델이 단 하나밖에 없지 않습니까!

당신은 당신 방식대로 사십시오. 당신 외에 누가 진정으로 당신에게 관심을 기울일 수 있겠습니까?

마음을 편히 가지십시오. 궁극적으로는 아무것도 문제

가 되지 않습니다. 나는 당신이 이 불완전한 세상에서 평화롭게 사는 법을 배우기를 바랍니다.

한 친구는 내게 재능이 많은 사람이라고 합니다. 하지만 내게 재능이 있다 해도 나는 내 재능의 노예가 되고 싶지는 않습니다. 내가 많은 일들을 할 수 있어도 그 일을 모두 하지는 않습니다. 나 자신을 제한하는 것이지요.

나는 이미 전생에서 많은 일들을 했습니다. 따라서 현생에서는 의미 있는 삶을 사는 방법을 배울 것이고, 또한 삶에서 삶의 의미를 배울 것입니다.

사람들은 이미 전생에서 거의 모든 존재(남자, 여자, 부자, 가난뱅이, 지식인, 권력자 등)를 경험한 적이 있다는 사실을 깊이 이해해야 합니다. 그런데도 왜 현생에서조차 이미 경험했던 존재가 다시 되려고 하는지요?

우리 삶에는 이상理想이 필요합니다. 그래야만 삶의 방향이나 목적을 가질 수 있을 테니까요. 그러나 주의해야 할 것은 그 이상에 함몰되어서는 안 된다는 것입니다.

최상의 이상은 항상 마음챙김하는 것입니다. 비현실적인 자아상은 매우 위험합니다.

무엇보다 당신의 마음을 깊이 이해하십시오. 당신이 어

떤 인생을 살아가길 원하는지, 인생에서 당신이 가장 높은 가치를 두는 것은 무엇인지 확인하기 위해서 말이지요.

불확실함마저도 있는 그대로 바라보기

당신이 무엇을 해야 할지 몰라 혼란스러울 때, 그때 '진실로 마음챙김'을 시작하십시오. 이때가 새로운 시작을 위한 기회입니다. 불확실성이 좋은 게 아니지만, 마음을 기민하게 만듭니다.

'무엇을 할 것인가?' 하고 너무 많이 생각하지 말고 당신 마음을 마음챙김해서 깊이 들여다보십시오. 불확실성을 향해 당신의 마음을 열어놓으십시오. 당신은 지금 '알 수 없는 마음don't know mind'을 갖고 있지만, 이것 또한 당신의 성장을 위한 하나의 과정입니다. 마음챙김이 당신을 미몽에서 깨어나도록 도와줄 것입니다.

또한 나는 당신이 혼란스럽다고 해서 불행해하지 않기를 바랍니다. 삶은 본래 낯선 거니까요. 적어도 내게는 그렇습니다.

삶은 변화의 연속입니다. 그래서 최종적인 것이나 확실한 것은 없습니다.

그렇지만 우리는 완벽한 삶의 공간과 함께 살아갈 완벽한 파트너가 있을 것이라고 자신을 속여가면서, 항상 삶과 사람의 관계를 새로운 방식으로 실험해왔습니다.

물론 이러한 핑곗거리마저 없다면 우리의 삶은 더욱 끔찍해졌을 것입니다. 그러나 우리는 성장하면서 점점 환상에서 벗어납니다. 완전한 장소도, 완전한 친구도, 완전한 스승도, 완전한 수행자도 이 세상에는 존재하지 않음을 알게 되는 것입니다.

그렇습니다. 이 세상에 완전한 것은 아무것도 없습니다. 나도 완전하지 않습니다. 오직 붓다만이 완전하셨습니다.

당신이 '확실하다'고 말할 수 있는 게 있습니까? 우리 삶이 얼마나 많은 가정假定과 허구로 가득 차있습니까? 우리는 이러한 것들을 딛고 서있는 것입니다. 모든 가정과 허구를 벗어버린다면, 우리가 딛고 설 자리는 아무 데도 없을 것입니다. 당신이 무엇을 위해 사는지 자신 있게 말할 수 있습니까? 만일 있다면 그것이 뭔가요? 만약 당신이 진리를 위해 산다고 한다면, 당신의 하루하루가 그 대답을 위한 증거가 될 것입니다.

신념, 가정, 희망. 이제 충분합니다! 이들은 짐일 뿐입니다. 이러한 것들이 없다면 마음은 가벼워지고 사람들은 실재하는 것에 좀 더 많은 주의를 기울일 수 있을 것입니다.

우리는 키가 없는 보트처럼 방향감각을 잃은 채 어떤 목적도 없이 표류하고 있습니다. 의미가 없는 삶을 살아간다면, 삶이 무기력해진다는 사실을 당신도 알고 있습니다. 우리는 길을 잃었습니다. 인생과 인생의 의미, 그리고 삶과 죽음, 윤회의 본질을 알지 못하고 있습니다. 또 담마수행을 하며 살아갈 수 있는 기회를 갖고서도, 활용하지 못하고 시간을 낭비합니다. 사람들은 자신이 가진 것을 잃어버릴 때까지 그 가치를 알지 못합니다. 소중한 것들이 사라졌을 때 소중함을 깨닫습니다.

사람들이 인생의 방향이나 목적, 의미 없이, 자애와 서로에 대한 이해 없이 살아가는 방식은 놀랍습니다. 얼마나 뒤죽박죽인 삶인가요?

불확실성을 인정하고, 그것과 함께 살 수 있다는 것은 성숙함의 표시입니다.

우리는 미래에 대해 확신을 갖고자 합니다. 그래서 삶이 무엇인지 바로 깨닫기도 전에, "삶은 좋은 게 아니야"라고 말합니다. 또한 삶을 어떻게 살아야 하는지 배우기도 전에 삶을 극복하는 방법만을 알려고 합니다.

하지만 가슴이 없이 머리로만 사는 것은 삶을 건조하게 만들 뿐입니다. 나는 당신이 당신의 생에서 하고 싶은 게 무엇인지 자각하기를 바랄 뿐입니다.

당신 스스로가 죽을 때까지 진정으로 행복을 느낄 수 있는 일을 찾아서 하십시오.

내가 소중히 여기는 보물 세 가지가 있지.

헤아릴 수 없는 사랑,

검소,

그리고 누군가를 가르치려 들지 않는 것.

_《도덕경》

당신이 어떤 모습으로 일상생활을 하는지, 무엇을 하며 시간을 보내는지 궁금하군요. 당신이 사는 방식은 분명 당신이 가진 영감의 원천이 되어야 합니다.

자기 힘으로 생각하지 않는 사람들,
책에서 본 것을 자기 것인 것처럼 말하는 사람들,
책에 있는 것이면 무엇이든 믿는 사람들….
이런 사람들과 이야기하는 것은 따분합니다.

추종자도 지도자도 아닌 삶

여러 해 동안 나는 철학과 비교종교, 불교, 과학, 정치학, 심리학, 문학 그리고 시를 공부했습니다. 그것은 삶의 목적과 인생의 지침을 찾기 위해서였으며, 보편적으로 따를 만한 어떤 신조를 찾기 위해서이기도 했습니다.

그러나 공부를 하면 할수록 '종교나 정치적 이상이 오히려 인류에게 많은 해악을 끼쳤음'을 깨달았습니다. 종교전쟁이나 정치적 전쟁이 그것을 증명하지 않습니까. 참 역설적입니다.

종교인이나 정치인이 말로는 사람들의 행복에 대해 떠들지만, 실제로는 사람들에게 고통을 안겨주었습니다. 그들은 사랑에 대해 이야기하지만, 서로의 견해조차 감싸주지 않습니다. 그들은 단결과 화합을 말하면서도, 싸움과 분열을 만들어냅니다.

이제 나는 책에서 답을 찾는 게 아니라 내 스스로 성찰하고 생각합니다. 나는 나 자신을 생각합니다. 내 삶의 방식과 삶의 목적을 찾아내는 일은 나의 의무입니다. 실수를 저지른다면 그에 대한 책임을 져야 할 유일한 사람은, 그 누구도 아닌 바로 나입니다. 다른 누구도 비난할 수 없습니다.

나의 가치 판단과 선택에 대해 확신할 수 없기 때문에, 나는 항상 깨어있어야 하고, 내 생각이 내 삶에 어떤 영향을 미치는지 살펴야 합니다. 물론 이렇게 하는 게 쉽지는 않습니다. 이를 위해서는 마음챙김해야 하고, 깨어있어야 하고, 자신에게 정직해야만 합니다.

어떤 삶을 사는가에 대해 스스로 온전히 책임지기란 쉬운 일이 아닙니다. 그러니 대부분 사람들이 종교지도자나 정치인 같은 다른 사람에게 책임을 전가하는 것도 그리 놀랄 만한 일이 아닙니다.

나는 누군가를 맹목적으로 따르는 추종자가 아닙니다. 추종자가 된다는 것은 내가 내 삶을 완전히 책임지지 않고 방치한다는 의미입니다.

나는 지도자도 아닙니다. 그것은 내가 타인에 대한 책임을 짐으로써 그들로부터 스스로에 대한 책임을 빼앗는 것을 의미하니까요.

나는 영원한 탐험가입니다.

나는 내가 아닌 다른 누군가가 되려고 하지 않습니다. 단지 내 삶과 내 마음, 그리고 내 가슴에서 일어나는 게 무엇이든, 그것을 이해하려고 최선을 다할 뿐입니다.

언젠가부터 내게 있어 대부분의 일들이 그 중요성을 잃었습니다. 어떤 이들은 나의 이러한 태도 변화를 이해하기 어렵다고 말합니다.

나는 다른 사람들의 문제를 이해하기는 하지만, 그것을 심각하게 받아들이지는 않습니다. 사람들이 나에 대해 어떻게 생각하는지 신경 쓰지도 않습니다. 그 모든 것은 누군가의 마음에서 일어났다 사라지는 덧없는 생각일 뿐이라는 것을 알고 있습니다.

우리는 자신을 중요하게 생각합니다. 동시에 다른 사람들의 삶에서 중요한 존재가 되기를 원합니다. 자신이 다른 사람들의 삶에 영향력을 행사한다고 느끼고 싶어하는 것입니다.

그러나 이 모든 것은 환상일 뿐입니다. 우리는 '내가 다른 사람을 위해 한 일'을 누군가가 기억해주기를 바라지 않으면서 '우리가 할 수 있는 일'을 해야만 합니다.

그러니 사람들에게 너무 친절하려고 애쓰지는 마십시오.

당신은 다른 사람들의 행동에 대해 관심이 너무 많습니다. 하지만 그런 행동을 고집한다면, 당신 마음에는 평화가 깃들 수 없습니다.

먼저 당신부터 평화롭게 사십시오. 평화로운 마음에 부합되는 것이면 뭘 해도 좋습니다. 그러나 많은 것을 하면서 하나도 제대로 못하는 것보다는, 조금하면서 잘하는 편이 훨씬 낫습니다.

순수한 동기란 불가능할 정도로 드뭅니다. 우리 자신이 가진 이기적인 동기를 부인할수록, '이기심 없는 희생'이라는 이름으로 자신과 타인들에게 더욱 큰 해악을 저지르게 될 것입니다. 그러니 당신이 할 수 있는 것을 하십시오.

하지만 명심해야 할 게 있습니다. 당신은 당신의 이상에 결코 도달할 수 없다는 사실입니다. 물론 당신이 완전하지 못하다고 비난받을 이유는 없습니다.

나는 사람들이 나에게 기대하는 것에는 관심이 없습니다. 그래서 그들의 기대를 충족시키지 못하지나 않을까 크게 마음 쓰지도 않습니다.

그러나 나 자신에 대해서는 명확해지려고 노력합니다. 물론 나 자신의 가치 기준을 갖고 있지만, 다른 누군가가 내 기준에 동의해주어야 한다는 생각은 안 합니다.

나의 이해와 통찰을 다른 사람들과 함께 나누기는 어렵습니다. 왜냐하면 대부분 사람들이 전형典型에서 자유롭지 못하기 때문입니다.

　　사람들과 다투는 것은 피곤한 일입니다. 그래서 사람들의 존경과 존중, 인정을 갈망하는 것은 또 하나의 감옥입니다.
　　나는 지금까지 존경받는 멋진 사람이 되기 위해 최선을 다했습니다. 그러기 위해 모든 사람들을 행복하게 해주고자 노력했습니다. 하지만 내가 누군가를 행복하게 해주었을 때, 그것 때문에 불편한 사람들도 존재한다는 사실을 발견했습니다. 결론적으로 모든 사람을 행복하게 할 수 없다는 사실을 깨달았습니다. 그래서 나는 단 한 사람이 행복하게 살 수 있도록 최선을 다하고 있습니다. 그 한 사람이 바로 나 자신입니다. 항상 가능하지는 않지만 말입니다.

　　나는 주위 사람들을 발전시키려고 노력했고, 이 세상의 문제점들에 대한 해결책을 찾고자 힘썼습니다. 또한 마음속에는 커다란 철학적 의문들을 가지고 있었습니다.
　　그러던 어느 날, 친구가 나에게 '내가 신이 아님'을 일깨워주었습니다. 그로 인해 나는 세상에 대한 책임이 없고, 내 어깨에 세상을 짊어지고 다닐 필요가 없다는 사실을 깨달았습니다. 그래서 나는 세상을 놓아버렸습니다.

지금 나는 세상을 위해 뭔가를 해야 한다는 부담 같은 게 없습니다. 나는 단순하고 평화롭게 '인생의 기쁨'을 누리며 살고 있습니다.

죽음을 친구 삼아 가는 길

나이가 들면서 하얀 머리카락이 늘고 있습니다. 머리 양쪽 옆이 특히 심하고, 윗부분은 머리카락이 점점 더 가늘어지기까지 합니다. 늙어간다는 확실한 징표지요!

늙는다는 게 젊었을 적에는 무척이나 비현실적이었습니다. 도저히 상상할 수도 없었습니다. 하지만 모든 사람이 그렇듯이 나도 어느새 나이가 들었습니다. 조만간 이 세상을 떠날 테지요.

하지만 이제는 죽음을 마치 익숙한 친구처럼 맞이할 수 있을 것 같습니다.

죽음은 매우 중요한, 삶의 한 부분입니다. 사람들이 생각하는 것처럼 죽음은 두려운 게 아닙니다. 오히려 죽지 않고 영원히 산다는 게 끔찍한 일일 것입니다. 지금까지 살아왔던 시간을 또 다시 보낸다면 내 마음에서 무슨 일이 일어날지 궁금합니다.

나이가 들면서 생기는 뼈 마디마디의 통증과 관절염.

이것도 삶의 일부입니다. 그래서 나는 이에 대해 불평하지 않습니다. 그냥 내 방식대로 충만한 삶을 살고 싶습니다. 그 다음은 나도 모릅니다.

어떻게 죽을지를 스스로 선택할 수는 없지만 자연의 순리대로 죽는 것은 가장 다행스러운 일입니다. 하지만 '어떻게 죽는가'보다 더 중요한 것은 '어떻게 인생을 의미 있게 사느냐' 하는 것입니다.

언젠가는 죽어야만 합니다. 어쩌면 그때가 '지금 당장' 일 수도 있습니다. 사람이 태어나 죽는다는 것은 변하지 않을 진리니까요. 이 사실을 자각한다면, 시시한 일을 하면서 사사로운 일을 걱정하거나, 귀중한 시간과 에너지를 낭비해서도 안 된다는 사실을 깨닫게 될 것입니다.

그렇습니다. 사소한 일에 신경 쓸 겨를이 없습니다. 중요한 일을 생각하거나 고민할 시간도 부족합니다. 인생이 우리에게 준 시간이 그리 넉넉지 않으니까요.

나는 친구들이 죽었다는 소식을 들었을 때 마음 아파하지 않습니다. 죽음은 너무나 당연한 일이니까요.

마음 아파하고 슬퍼했던 대부분 사람들 역시 바빠서 그런지 죽은 이들을 잊고 지냅니다.

죽음은 매우 중요한 삶의 한 부분입니다.
사람들이 생각하는 것처럼 죽음은 두려움이 아닙니다.
오히려 죽지 않고 영원히 산다는 게 더 끔찍한 일입니다.

죽음 자체는 나쁜 게 아닙니다. 죽을 때 가장 힘든 것은 그 순간의 '고통'입니다.

우리는 죽음과 함께 소중했던 모든 것들을 떠나야 합니다. 그 남겨진 것들에 대한 헤어짐의 슬픔, 집착 때문에 죽음을 나쁜 것으로 생각합니다.

'좋은 죽음'을 맞이하려면 평화로운 마음으로 죽는 법과, 사랑하는 모든 것과 이별하는 방법을 배워야 합니다. 평화롭게 죽는 법을 배우지 못한 사람은 삶에서 많은 것을 배우지 못합니다. 평생 죽음을 부정하며 사는 것은 당신의 마음이 성숙하지 못했음을 보여주는 뚜렷한 징표입니다. 부정할 수 없는 것을 받아들이는 자세를 배워야 합니다.

나는 죽음에 대해 곰곰이 생각해볼 때가 많습니다. 나는 죽음에 가까이 간 적이 두 번이나 있었습니다. 그때 죽음의 견지에서 삶을 바라보니, 우리가 어리석어서 지위, 재산, 명성, 인정 등 결코 만족될 수 없는 것들을 추구하면서 시간을 낭비하고 있다는 사실을 확연하게 깨달을 수 있었습니다.

나는 죽음을 아주 가까이서 봤지만, 다른 이들에게 죽음이 어떤 것이라고 말해줄 수는 없습니다. 당신이 모든 것을 잃어가고 있음을 알게 될 때, 그래도 괜찮다고 느끼게 될 때, 당신은 모든 것을 알게 될 것입니다. "내게 가장 소중한 것은 삶에 대한 깊은 이해였다"는 것을 말입니다.

늙어가면서 좋은 것은, 지금까지 살아온 인생을 통해 앞으로의 내 인생을 어떻게 살 것인가 하는 문제를 경험을 통해 절실하게 생각해보게 된다는 것입니다.

지금의 나는 정확한 촉각을 가진 맹인과 같습니다. 나는 사람들을 보고 그들의 말을 듣지 않아도, 가슴으로 느낍니다. 그들이 얼마나 따뜻하고 차가운지, 부드럽고 단단한지 알 수 있습니다. 또한 나는 냄새를 맡습니다. 나는 그들이 깨끗한지, 혹은 깨끗한 척 하는지 알 수 있습니다.

나이가 들면서 마음이 성숙해지고 집착이 줄어든다는 사실은 다행스러운 일입니다.

나는 고통을 느낄 이유가 별로 없습니다. 살 집이 있고, 입을 옷도 넉넉하며, 매일 먹을 만큼의 충분한 음식도 있기 때문입니다. 건강도 나쁘지 않습니다. 부족함 없는 생활을 하고 있으며, 또한 그렇다는 사실을 스스로 깨닫고 있습니다.

그뿐만이 아닙니다. 좋은 친구들이 있으며, 마음만 먹으면 하루 종일 수행할 수도 있고, 바쁘지도 않습니다. 당신은 내 삶이 부러운 모양이군요.

나는 내 삶에 만족하고 있습니다. 나 자신의 이미지에

집착하는 마음이 점점 덜해지고 있습니다. 내가 아무것도 아 니라는 사실 때문에 행복합니다.

> 늦은 밤,
> 겨울비 내리는 소리 들으며,
> 내 어릴 적을 회상한다.
> 그것이 단지 꿈이었던가?
> 내가 진정 젊었던 적이 있던가?
>
> _료칸

머지않아 료칸과 같은 질문을 나 자신에게 던지게 될 것입니다.

삶은 실험이자 모험

　홀로인 사람은 당신만이 아닙니다. 외로운 사람은 많습니다. 다만 그들 중 대부분이 그걸 알아차리지 못하거나, 부정하거나, 혹은 일이나 감각적인 쾌락 같은 다른 뭔가에 가려져있을 뿐입니다.

　사실 의지할 사람이 없다거나 자신의 고독을 이해해줄 사람이 아무도 없다는 사실을 인정하기란 어렵습니다.

　나는 이곳에서 '아무것도 하지 않음doing nothing'을 하고 있습니다. 나는 내 이런 생활이 만족스럽습니다. 또한 사람들은 내가 아무것도 하지 않는다는 오직 그 이유 때문에 나를 지원해줍니다. 나는 진정으로 이러한 문화에 감사합니다. 그리고 이러한 문화를 가능케 해주신 붓다께 감사드립니다.

　점점 더 많은 사람들이 내가 현자이기라도 한 것처럼 바라봅니다. 나는 그것을 점점 짐처럼 느낍니다. 나를 현자로 보는 사람들은 나도 어리석을 수 있다는 사실을 허용하지 않을 것입니다.

나는 결점이 없는 비구가 아닙니다. 완전해지기를 바라지도 않습니다. 스스로에게 '너는 어리석을 수도 있다'고 허용해주는 편이 더 편합니다.

명성은 또다른 감옥일 뿐입니다.

사람들을 더 이해하도록 하십시오. 친절함과 이해심을 가질 때 당신은 타인에게 가까이 다가갈 수 있습니다. 그렇지 않으면 사람들은 자신의 삶을 함께 나누지 않을 것입니다.

그러나 친절하지도 않고, 이해심도 없고, 당신을 평가하거나 비난하는 사람들에게 자신을 드러내는 것은 위험합니다. 당신이 사람들의 마음속 깊이 들어가보면 많은 사람들이 내면 깊은 곳에 고통을 담고 있으면서도 다른 무엇으로 그것을 감추고 있다는 사실을 알게 될 것입니다.

사람들에게 친절하십시오. 그러나 그들을 기쁘게 하려고 노력하지는 마십시오.

천사가 되지 마십시오. 괜찮은 인간이 되는 것도 어렵습니다. 너무 선한 것은 너무나 비참해질 수 있다는 것을 알아야 합니다.

나는 사람들에게 나의 한계를 이야기해줍니다. 심지어 담마에 대해 이야기할 때도 그렇습니다.

내가 있는 이곳은 어떤 한계가 있기 때문에 조용하고 평화로운 상태를 유지할 수 있습니다.

만일 한계가 없다면 이곳에 오는 사람들은 무한할 테고, 그 사람들을 모두 맞이하다가는 평화로울 날이 없을 것입니다.

당신이 하고자 하는 것은 당신 자신이 결정해야만 합니다. 당신이 해야 할 것을 대신 결정해줄 수 있는 사람은 아무도 없습니다. 당신이 나의 삶을 살 수 없으며, 나 역시 당신의 삶을 살 수 없습니다. 그래서 세상의 일을 혼자서 선택해야 하는 어른이 되는 게 힘든 것입니다.

우리는 누구에게도 의지할 수 없습니다. 자신에게 의지하는 게 최선입니다.

완전한 사람이나 완전한 장소도 없습니다.

완벽한 장소, 완벽한 사회, 완벽한 스승은 어느 곳에도 없습니다.

우리는 전적으로 현명한 존재는 아닙니다. 때로는 실수도 하게 마련입니다. 따라서 과거에 저지른 잘못으로 남은 생애 내내 죄책감을 갖고 살아야 할 필요는 없습니다.

당신 자신을 용서하십시오. 자신이 새로운 사람이 되도록 자신을 놔두십시오.

우리는 자신을 이러저러한 사람이라고 단정합니다. 또한 타인들도 우리를 이러저러한 사람이라고 쉽게 단정합니다.

하지만 당신이라는 존재는 항상 변하고 있습니다. 생각해보십시오. 10년 전의 당신과 지금의 당신은 너무나 변해서 같은 사람이 아닌 것처럼 보일 수도 있습니다. 지금 이 순간에도 당신은 변하고 있습니다. 변화는 진행 중입니다.

자신이 변하는 것을, 자신이 다른 사람이 되는 것을 허락하십시오.

삶은 실험이자 모험입니다. 삶에는 위험이 함께할 수밖에 없습니다.

위험을 두려워하지 말고, 당당히 맞서십시오.

젊었을 적 나는 인생을 수학 공식처럼 생각했습니다. 하지만 지금은 인생이 한 편의 시 같습니다.

나는 진정으로 의미 있는 삶을 살기 위해 최선을 다하고 있습니다. 때로는 삶에서 행복을 느끼기도 하고, 감내하기 어려운 절망감에 사로잡히기도 합니다.

사람들은 내게도 고통이 있다고 생각하지 않습니다. 그러나 내 삶은 고통 중의 고통입니다. 비록 다른 종류의 고통이지만, 고통은 고통입니다.

나는 이 고통을 참고 견뎌내고 있습니다. 이것은 삶이라는 귀한 선물을 받은 내가 치러야 할 대가이기 때문에 고통 속에 있지만 불평하지 않습니다.

나는 내가 이 고통을 받을 만한 가치가 있는 사람이기를, 그리고 나의 고통을 고요하게 바라볼 수 있기를 희망합니다.

진정으로 충만한 삶은 세상에 드러낼 필요가 없습니다. 삶이 진정으로 그렇다면 이를 증명할 필요도 없습니다. 삶자체가 바로 충만한 삶의 증거일 테니까요.

나이를 먹어간다는 게 나쁜 것만은 아닙니다.

건강을 돌보십시오. 지치기 전에 쉬십시오. 부디 건강을 잘 보살펴서 오래도록 건강하게 사십시오. 당신이 마음챙김하고 있다면 나이가 들수록 함께 나눌 수 있는 것도 그만큼 더 많아집니다.

나이가 듦에 따라 더욱 가슴을 열고 다른 사람들과 더욱 친밀해지기를, 진정으로 함께 나누고 배려해주는 관계를 맺기를 바랍니다.

삶이 내게 많은 것을 가르쳐주었기에 나는 삶에 감사드
립니다. 나는 오래오래 살아서 더 많이 배울 수 있기를 바랍
니다.

인생에는 나이가 들어서야 비로소 배울 수 있는 게 분
명 존재하니까요.

삶은 실험이자 모험입니다.
삶에는 위험이 함께할 수밖에 없습니다.
위험을 두려워하지 말고, 당당히 맞서십시오.
젊었을 적 나는 인생을 수학 공식처럼 생각했습니다.
하지만 지금은 인생이 한 편의 시 같습니다.

CHAPTER 5

배움과 가르침에 대하여

자신의 삶의 방식에 진정 만족할 때, 오직 그때만이 진실로 남을 도울 수 있습니다. 그래서 마음과 깊이 접촉하는 게 매우 중요합니다.
자신의 마음에서 매우 선명하게 사물을 볼 수 있을 때만 자신과 조화롭게 사는 방법을 찾을 수 있습니다.
내면의 조화를 얻으면 어떤 일이든 할 수 있습니다.

결과를 바라지 않는 배움

인간관계나 재정적 안정에 대한 열망, 자신을 돌봐주는 사람에 대한 갈망, 이러한 것들이 당신을 눈 멀게 합니다. 이 것들은 당신을 지치게 할 뿐입니다.

마음챙김하면서 지켜보십시오. 인내심을 가지고 흘러가도록 놔두십시오. 내가 반응을 하지 않자 삶 속의 많은 일들이 더 나아졌습니다. 더 이상 결과에 대해 크게 신경 쓰지 않기 때문입니다.

결과를 얻기 위해 서두르는 것은 발전이 이루어지는 과정을 방해할 수도 있습니다. 옳은 일을 하면서 인내심을 가지고 기다리십시오.

혼자라는 사실을 받아들일 수 있을 때까지, 그리고 홀로 독립할 수 있을 때까지는 타인과 건전하고 의미 있는 관계를 가질 수 없습니다.

의존적이고, 폭력적이고, 인위적인 관계는 의미도 없고,

오래 지속될 수도 없습니다.

사실 '좋은 관계'란 찾아보기 힘듭니다. 심지어 가족들 사이에서조차 그렇습니다.

우리는 선善이 뭔지 안다고 착각합니다. 그래서 자신이 선하다고 생각합니다.

그러나 우리가 얼마나 나쁜지를 깨닫지 못한다면 선을 알 수 없고 현실적이 될 수도 없습니다.

당신은 항상 마음챙김하고 있습니까?

나는 마음챙김하면서 고통을 의미 있는 것으로 만들어 갑니다.

내 삶에 대한 이해가 현실적이 되어간다는 사실이 기쁩니다.

우리 모두는 이상주의자입니다.

당신은 당신의 삶을 종교적인 색채 없이 바라볼 수 있습니까?

당신은 고통을 받습니다. 하지만 고통보다 그 고통을 표현할 수 없어서 괴로운 것입니다.

대부분 사람들은 다양한 형태로 자존감이라든가 자신에게 소중하다는 것들을 만들고, 그것을 보호하기 위해서 분투하고 있습니다.

사람들이 선을 사랑할 것이라는 순진한 믿음은 인류의 가장 오래된 환상 중 하나입니다.

'순수'란 일종의 무능력 상태임을 알아야 합니다. 그리고 어떤 사람들은 이 무능력을 일종의 자산으로 삼고 있습니다.

순수함이 어디까지 생존 도구로 쓰일 것인가?

_롤로 메이

나는 순수하지 않습니다. 나는 내가 선하기도 하며, 악하기도 하다는 사실을 알고 있습니다.

나는 사람들과 너무나 오랫동안 이야기해왔습니다. 내 마음은 점점 속도를 붙이고 있습니다. 나는 빨리 생각하고 빨리 말합니다. 그 속도가 나를 동요시킵니다.

지금 나는 조용하고 평화로운 곳에서 내 가슴 깊은 곳에 있는 고요함과 접촉할 필요를 느낍니다.

세상에 관심을 갖는 것은 삶의 진정한 의미를 소홀히 하도록 만듭니다. 나는 무엇을 위해 살까요?

내면과 깊이 접촉하기 위해서는 홀로있음이 필요합니다. 자기 자신과 대면하지도 않으면서, 어떻게 다른 사람들과 대면할 수 있을까요?

　다른 사람들과 교감하지 못하는 것은 자신과 교감하지 않기 때문입니다. 그래서 고독해야 하는 것입니다.

뭔가 됨이 없는 배움

오늘은 햇빛이 좋은 날입니다. 나무들이 부쩍 자랐습니다. 대나무밭의 그늘진 곳에는 크고 아름다운 죽순이 많이 났습니다.

죽순은 매우 빨리 자라는군요. 죽순은 자라나는 힘을 가졌습니다. 강렬한 생명력이 느껴집니다.

새들이 지저귑니다. 비둘기는 나무 위에서 '구구'거리고, 작은 새들은 즐겁게 '짹짹'거리고, 또 다른 새 한 마리는 감미롭게 지저귑니다.

아! 즐겁기만 한 새들의 노랫소리. 나무를 스치는 바람은 내 마음을 고요히 가라앉혀줍니다. 눈 앞에서는 아름다운 나비들이 나울나울 날고 있습니다.

클래식 음악을 좋아하시나요?
젊었을 때 클래식을 많이 들었습니다. 지금도 기억하고 있습니다. 모차르트, 쇼팽, 슈베르트, 슈트라우스, 베토벤, 라흐마니노프….

클래식을 듣는 게 당신에게 낯설지도 모르겠습니다만 좋은 음반을 구해 들어보십시오.

음악은 아름다운 시이며, 심오한 언어입니다.

쇼팽의 〈야상곡〉은 삶에 대한 모든 것을 말해줄 것입니다.

위대한 길은 어렵지 않네,
아무런 분별심이 없는 이에게는.
사랑과 미움이 모두 없을 때
모든 것은 명백하고 가식 없네.

_승찬僧璨

생각은 끊임없이 문제를 만들어낸다.
또, 생각은 언제나 문제를 풀려고 노력한다.
상상 속의 문제들, 상상 속의 해결책들…
끊임없이 계속된다.
당신이 그저 '존재'하기만 하면
문제는 생겨나지 않는다.
당신이 뭔가 '되려고' 하면
문제는 끝없이 생겨난다.
그저 '존재'하기가

왜 그리 어려운가?

'되는 것'이 왜 그렇게

중요해 보이는가?

'되는 것'이 더 좋은 것이라고

생각하기 때문이다.

우리는 그저 '존재'하는 것에

익숙하지 않다.

그래서 영원히 집이 없다.

집이 없으므로, 계속 집을 찾는다.

잘못된 장소에서 집을 찾는다.

집은 '되는' 것이 아니라,

'존재'하는 것에 있다.

올라갔다 내려갔다.

뱅글뱅글,

마음챙김하지 않을수록, 더욱 혼란스러워질 뿐.

_우 조티카

가급적 당신의 가슴속에서 아직 풀리지 않는 모든 의문들에

대해 인내심을 가지고, 그 문제 자체들을 사랑하라고 간청하

고 싶다.

그러나 답을 찾아 헤매지 마라. 답은 지금 당장 주어지지 않을 수 있다. 지금 당신의 삶이 그 해답을 허락하지 않기 때문이다.

중요한 것은 모든 것을 수용하면서 사는 것이다. 지금은 의문을 의문 그대로 받아들이면서 살아야 한다. 그러면 먼 훗날 자기도 모르는 사이에 해답으로 가는 길 위에서 살아가고 있을 것이다.

_라이너 마리아 릴케

아주 심오합니다. 구구절절이 아름답지 않습니까?

나는 영원히 배우는 사람

나는 어쩔 수 없이 영원히 배우는 사람입니다. 나는 절대로 스승이 되지 않을 것입니다. 그러나 나는 '가르친다'는 것과는 별개의 의미로 내가 배운 것을 기꺼이 나눌 것입니다.

종교적인 지도자나 스승들은 '지적인 정직성'을 갖고 있지 않습니다. 그들은 사람들을 자신의 종교로 개종시키기 위해, 자신은 실행하지도 않고 믿지도 않는 것을 가르칩니다.

그들은 마치 모든 문제에 대한 해답을 가지고 있는 척합니다. 그러나 정직하지 않고서는 실재를 볼 수 없습니다. 정직하지 않으면 마음이 흐려지니까요.

나는 구루guru니 스승roshi이니 하는 자들의 쇼에 환멸을 느낍니다. 그런 개념들이 직업이나 생계의 수단이 돼버렸으니까요.

누군가를 바꾸는 일에 전념하는 사람들은 공갈협박범들이나 거짓말쟁이들입니다. 계율을 지나치게 주장하는 사람은 쇼에 등장하는 배우입니다. 세상은 빅쇼big-show를 원하는 구루들로 가득 차있습니다.

당신은 가보지도 않고서 '그곳이 있다'고 주장할 수 있습니까? 가보지도 않은 곳을 만들 수 있습니까?

나는 머리만 있는, 책의 지식만 가득 품고 있는 구루나 스승이 가르치는 방식이나 접근법에 깊은 절망감을 느낍니다. 그렇게 악다구니를 해서는 사람들을 바꿀 수가 없습니다.

붓다의 메시지인 담마는 책에 있는 게 아니라 삶 속에 있습니다.

당신의 삶, 바로 이 순간의 경험을 이해하지 못한다면, 책에서 얻은 지식이 아무리 많아도 당신은 담마를 이해할 수 없습니다. 물론 삶에 대한 이해 없이 담마를 이야기하는 것은 지적 유희입니다.

사물이 어떻게 작용하는가에 대한 모든 이론을 알기만 하면 모든 것을 잘 알 수 있게 되나요? 그 얼마나 진실에서 동떨어진 이야기입니까!

자연의 움직임을 완벽하게 설명할 수 있는 이론은 없습

니다. 모든 이론적인 설명은 단편적이니까요.

담마의 실천에 대해 내가 이해하고 있는 것은 대부분의 역대 스승들이 말하고 있는 것과 너무나 다릅니다. 그래서 그들과 이야기하는 게 때로는 무척이나 부담이 됩니다.

나는 어떤 사야도sayadaw(큰스님)와도 진정으로 열린 마음으로 대화할 수 없습니다. 같은 이유로 다른 사람들에게 내 이해를 전달하는 것도 어렵습니다.

결국 나는 홀로 섭니다. 수행이 더욱 깊어질수록, 나는 나 자신이 다른 비구들과 점점 멀어지는 것을 봅니다. 그러니 나는 절대로 스승이 될 수 없을 것입니다. 그렇지만 이것도 괜찮습니다. 나는 세상을 구할 수 있는 성자는 아니지만, 내 주위의 사람들을 도와줄 수는 있으니까요.

자기 힘으로 생각하지 않는 사람들, 책에서 본 것을 자기 것처럼 말하는 사람들, 아무런 의심도 하지 않는 사람들, 책에 있는 것이면 뭐든 믿는 사람들…, 이런 사람들과 이야기하는 것은 따분한 일입니다. 비록 상대가 예의 바르고 순수한 사람일지라도 그렇습니다. 나는 순수성을 잃어버렸나 봅니다.

지도를 보는 것과 실제 경관은 차이가 있습니다. 물론

지도는 유용합니다. 지도가 없으면 길을 잃을 수도 있습니다. 하지만 지도에 나온 장소가 실제로 어떤 모습을 하는가를 알려면, 그리고 그 둘이 서로 연관되었기는 하지만 다른 모습을 하고 있다는 사실을 이해하려면, 직접 그 장소를 여행하고 탐험해야 합니다. 지도는 실제 경치를 극도로 단순화시킨 것일 뿐입니다.

스승이 되기 위한 최선의 준비는 담마를 깊이 이해하는 것입니다. 붓다의 가르침sāsana이 쇠퇴하게 된 원인 중 하나는 배움과 실천 모두에서 경험이 없는 스승들이 담마를 가르쳤기 때문입니다.

스승이 되기 위해 서두르는 것은 수행에 커다란 방해가 될 수 있습니다. 스승은 창조적이어야 합니다. 배우고 그것을 전달하는 것만으로는 충분치 않습니다.

스승은 사람들과 그들의 삶, 그들의 문제, 그들의 능력, 그들의 경향을 이해하고, 그 다음에는 그들이 이해할 수 있고 연관지을 수 있는 방법으로 대화할 수 있어야만 합니다.

사람들이 담마의 관점에서 자신들의 문제를 이해할 수 있도록 도와야 합니다. 또한, 자신들의 삶과 경험에서 실재의 본성을 볼 수 있도록 이끌어주어야 합니다. 그렇게 하려면 먼저 스승이 스스로 자신의 삶과 경험, 문젯거리, 아픔,

행복, 기쁨, 희망 등 삶의 모든 면을 이해해야만 합니다.

먼저 자신을 이해해야 남을 도울 수 있습니다.

붓다의 가르침인 담마는 보편성이 있습니다.

담마는 현실적입니다.

담마는 모든 문화에 적합합니다.

그러나 서양의 스승들이 담마를 사람들에게 적용시키기 위해서 그들의 삶의 방식에 맞춰 왜곡한다는 이야기를 들었습니다. 변질된 담마는 더 이상 담마가 아닙니다.

그 '서양의 스승들'은 진실을 따라 살 수 있는 용기가 없거나, 선한 혹은 불선한 의식을 바르게 이해하지 못하고 있는 것입니다.

당신이 어떤 문화권에서 태어났든, 불선한 의식을 선하게 만들 수는 없습니다. 당신은 진실을 받아들이고, 진실을 보고, 진실을 수행하고, 진실을 말하기 위한 용기를 갖춰야 합니다. 그렇게 하려면 먼저 진실을 봐야 하고, 진실 그 자체대로 살아야 합니다.

진정한 무상anicca은 현세의 수준을 넘어선 것입니다. 신문에서 무상에 대한 글을 읽고 무상을 이해한다면 그것은 지적인 수준의 이해일 뿐입니다. 당신이 수행을 통해 진실로 무상을 볼 때 비로소 무상을 바로 알 수 있습니다.

　나는 팔 수 있는 게 아닙니다.
　나는 누군가가 나를 사거나 고용하는 것을 용납하지 않습니다.
　나는 다른 사람이나 어떤 조직을 위해 일하는 고용인이 되고 싶지도 않습니다.
　나는 자유롭게 내 역할을 하는 사람이고 싶습니다.
　나는 이것을 '오만함'이라고 생각하지 않습니다. 이것은 '자존심'입니다.

답을 찾아 헤매지 마라.
답은 지금 당장 주어지지 않을 수 있다.
그것은 지금 당신의 삶이 그 해답을 허락하지 않기 때문이다.

중요한 것은 그래도
모든 것을 수용하면서 사는 것이다.
_라이너 마리아 릴케

최고의 스승은 최고의 카운슬러

내가 미국에서 카운슬링counseling(고민이나 심리적 문제가 있는 이들을 위한 상담 활동)을 했다고 하니 사람들이 나를 어떻게 판단했는지, 나에 대해 어떻게 이야기했는지 기억합니다.

나는 고등학생 시절부터 카운슬링을 해왔습니다. 자신이 경험한 지혜와 지식이 많을수록 더 좋은 카운슬러가 될수 있다고 생각합니다.

카운슬링에 대한 천성적 성향이 없는 사람을 카운슬러로 만들 수는 없습니다. 카운슬러가 되는 것은 예술가가 되는 것과 비슷합니다. 사람들과 그들의 삶 그리고 그들의 문제에 관해 깊은 관심이 있다면, 당신은 훌륭한 카운슬러가될 수 있을 것입니다.

나는 심리학적 문제를 다룬 서양 책들을 많이 읽었습니다.

물론 내가 모든 문제들을 해결할 수 있다고 말하는 건

아닙니다. 다만 나는 그 문제들을 이해할 수 있는 의지가 있고, 실제로 이해할 수도 있습니다.

나는 상이한 문제들을 갖고 있는 사람들과 일했으며, 그들이 그들 자신을 이해할 수 있도록 도움을 주었습니다.

담마를 가르치는 스승과 훌륭한 카운슬러의 차이는 무엇일까요? 이 둘이 크게 다르지는 않습니다. 모두 인간의 문제를 다루고 있으니까요. 그래서 훌륭한 담마 스승은 좋은 카운슬러이기도 합니다. 붓다는 최고의 카운슬러였습니다.

삶에 대해 단편적으로 접근을 하는 것은 유용하지 못합니다.

우리 몸의 모든 부분은 서로 다른 부분과 연결되어있습니다. 몸과 마음에 대한 바른 이해가 필요합니다.

삶도 마찬가집니다. 삶의 모든 개별적 측면들은 다른 모든 측면들과 연결되어있습니다. 삶의 경제적·정서적·지적·사회적·정신적인 면이 서로 연관되어있습니다.

이들은 하나하나가 개별적으로 존재할 수 없습니다. 만약 개별적으로 존재한다면 삶은 아주 불만족스러워질 것입니다. 조화로움은 사라지고, 그 대신 갈등과 분열 그리고 마비가 있을 것입니다.

어리석은 사람들과 이야기하면서

시간을 낭비하지 마십시오.

무지는 행위를 낳습니다(avijjā paccayā saṅkhārā).

_고타마 붓다

당신이 카운슬러의 자질을 갖고 있다면, 그 자질을 개발해보십시오.

담마를 실천적으로 이해한다면 당신의 삶을 더 의미 있고 생산적으로 만들 수 있습니다. 아울러 많은 사람들을 도와줄 수도 있습니다.

당신은 표현하고 싶은 게 있지만 그것을 표현하기 어렵나요? 마치 보물로 가득 찬 집을 갖고 있지만, 그 집의 열쇠를 찾지 못하고 있는 것처럼 말입니다.

자신의 삶의 방식에 만족할 때, 오직 그때에만 진실로 남을 도울 수 있습니다.

만족하기를 원한다면 마음과 깊이 접촉해야만 합니다. 자신의 마음에서 객관적으로 사물을 볼 수 있을 때만이 자신과 조화롭게 사는 방법을 찾을 수 있습니다.

당신이 내면의 조화를 얻는다면 어떤 일이든 할 수 있습니다.

자신과 평화롭게 지내십시오.

자신의 한계와 번뇌를 이해하십시오.

먼저 스스로 평화롭고 의미 있게 사는 법을 배운 다음, 다른 사람들도 그렇게 살 수 있도록 도움을 주십시오.

나는 친구 혹은 형제

어제 저녁에는 초등학생들과 이야기를 나눴습니다. 몇몇 학생들은 시를 암송했고, 또 다른 학생들은 내게 이것저것을 물었습니다.

한 아이가 왜 비구가 되었느냐고 물었습니다.

나는 내가 할 수 있는 한 최선을 다해 대답했습니다. 나는 내 어린 시절 이야기부터 들려주었습니다.

나는 내가 아이들의 좋은 친구가 될 수 있다는 게 기쁩니다. 그들과 함께 하는 시간은 낭비되는 시간이 아니었습니다. 아이들이 이리저리 돌아다니는 게 불편하기도 했지만, 그런 성가심은 감수할 만한 가치가 있었습니다.

나는 스승이 아닙니다. 나는 친구이거나 형제일 뿐입니다.

나는 사람들이 수행하도록 만들 수는 없지만, 그들이 수행하면서 내 조언을 원한다면, 나는 기꺼이 도울 것입니다.

스승으로서의 역할은 많은 대가를 치러야 합니다. 그래서 나는 항상 내가 스승의 역할에 빠져들지 않도록 경계하기 위해 언제나 깨어있습니다. 나는 도시에서 멀리 떨어진 숲속 수행처에 사는 소박한 비구라는 사실에 행복합니다.

나는 책에서 배운 것들은 대부분 잊어버렸습니다. 나는 너무 많은 것들을 기억하고 싶지 않고, 내 마음이 텅 비어 가벼워지기를 원합니다. '학식'이라는 짐을 지고 싶지 않습니다.

나는 증명해야 할 것도, 방어해야 할 것도, 전파해야 할 것도 없습니다. 자유롭습니다.

사람들은 바람과 욕망으로 가득 차있습니다. 자신들이 진정으로 뭘 하기를 원하는지조차 모릅니다. 동전을 뒤집듯 자신들의 마음을 바꾸기도 하고, 일관성도 없습니다.

아라한은 자신을 다른 사람들과 비교하지 않으면서 삶을 살아갑니다. 그러나 다른 사람들은 그렇게 할 수 없습니다. 우리가 있는 것what is과 있지 않은 것what is not을 비교하지 않는다면, 지금보다는 더욱 평화롭게 살 수 있습니다. 그렇다면 우리의 삶의 방식이 지금 살고 있는 방식과는 확연히 다를 것입니다.

우리는 저항으로 가득 찬 삶을 살고 있습니다. 삶에 대한 저항, 죽음에 대한 저항, 고통과 상실에 대한 저항, 사랑에 대한 저항… 저항하지 않고 수용한다는 것은 매우 어렵습니다. 하지만 어린이들은 그렇지 않습니다. 결국 우리는 성장해가면서 '저항'을 배우는 것입니다.

'내 삶이 어떻게 될까?' 걱정하는 당신 자신과 당신의 느낌을 보십시오.

불확실성은 사람을 가장 지치게 하는 것입니다.

나는 당신의 건강을 염려합니다. 당신이 건강하다면 아무리 어려운 일도 해낼 수 있습니다. 너무 빠르지도 않고, 너무 느리지도 않게 피가 온몸을 잘 흐르도록 많이 걸으십시오. 나는 폐 쪽이나 소화기 계통에 어떤 문제가 생기거나, 잠을 잘 수 없거나 현기증이 나면 보통 속도로 몇 시간 동안 걷습니다. 언제나 효과가 있었습니다. 심지어 어떤 감염성 질병에 걸렸을 때조차 이렇게 걸었더니 낫기도 했습니다.

친구인 비구와 함께 숲속 길을 걸으며 마음의 본성에 대해 이야기했습니다. 우리는 사람들이 삶에서 어떤 것에 가장 높은 가치를 두는지, 그것이 그들의 사고를 어떻게 형성하는지에 대해 진지하게 토론했습니다.

모든 사물이나 사람, 그리고 모든 공간은 좋은 점과 나쁜 점을 동시에 가지고 있습니다. 그래서 우리가 어떤 장소나 사람에 대해 나쁜 면을 봤다면 좋은 점도 떠올려야 합니다.

　　그러나 대부분 사람들은 한쪽 면만 봅니다. 그래서 화가 날 때는 나쁜 점만을 과장하기도 하고, 기쁠 때는 좋은 점만을 부풀리기도 합니다.

　　'유연성'은 삶에서 중요합니다. 이와 반대로 '경직'은 위험합니다. 정직에 관한 것만 제외하고, 당신의 모든 것들과 타협하십시오. 자신의 오래된 자아상을 붙잡고 늘어지지만 않는다면, 변화는 지속될 것입니다.

　　당신은 항상 변화하고 성장하면서 자신을 새롭게 느끼게 될 것이고, 또한 더 젊어졌다고 느끼게 될 것입니다. 낡은 것은 늙은 것이고, 새로운 것은 항상 젊은 것입니다.

　　배운다는 것은 고통스러운 것이며, 무엇이 진실인가를 아는 것도 고통스러운 일입니다. 하지만 바로 이때에만 우리는 성장할 수 있습니다.

　　사물을 바로 보고 확실히 이해하려면 일정한 거리를 둬야 합니다. 어떤 경험에 감정적으로 몰입되었다면 당신은 사물을 바로 볼 수 없습니다.

당신의 한계를 이해하십시오. 그럴 때만 당신은 많은 것을 할 수 있습니다.

낡은 것은 늙은 것이고,
새로운 것은 항상 젊은 것입니다.

배운다는 것은 고통스러운 것이며,
무엇이 진실인가를 아는 것도 고통스러운 일입니다.
하지만 바로 이때에만 우리는 성장할 수 있습니다.

'카테고리 지음'에 대하여

우리는 배타적인 종교 때문에 속이 상합니다. 또 다른 형태인 회의주의에 물든 사람들 때문에도 화가 납니다. 그들은 마음챙김을 하려고조차 하지 않습니다. 그들은 언제까지 그리 살까요?

자신의 한계를 보면서 '나는 무엇에 집착하고, 어디에 집착하지 않는가?'를 보기는 어렵습니다. 하지만 당신 자신이 무엇에 어떻게 집착하는가를 분명하게 볼 수 있을 때, 당신은 집착에서 벗어날 수 있는 기회를 얻을 것입니다.

사람들은 자신들이 지금 뭘 하고 있는지 아는 것처럼 행동합니다. 그러나 그들이 진정 뭘 하고 있는지 알고 있을까요? 사실 알고 있지 못합니다.

자기기만. 이것은 너무 완벽해서 자신도 의식하지 못할 때가 많습니다. 자기방어는 자신의 약점을 보지 못하게 만듭니다.

우리는 자신을 행복하게 하려고 자신을 속입니다. 자신

의 약점을 보면 고통스러우니까요. 진정 행복해지려면 마음 챙김하면서 정직해져야 합니다.

나는 나 자신을 '카테고리category', 그러니까 '분류'라는 칸막이 안에 넣어두고 싶지 않습니다. 그것은 너무 제한적이기 때문입니다. 나는 이름이나 꼬리표로부터 자유롭고 싶습니다. 나는 나 자신이기 때문입니다. 그래서 분류될 필요가 없습니다.

'카테고리'라는 말의 어원을 아십니까? 이 단어는 '고발'이나 '비난'을 뜻하는 라틴어 categoria와 그리스어 kategoria에서 왔습니다. 그래서 일종의 카테고리인 '불교도'처럼, 어떻다고 분류하는 카테고리는 내게는 의미가 없습니다.

나는 내가 긍정적으로든 부정적으로든 어떠어떠하다고 단정되는 게 싫습니다.

나는 선과 악 또는 이와 비슷한 개념들의 카테고리에서 자유로워지고 있습니다.

나는 어떤 현상에 이름을 붙이거나 분류하지 않은 채 그 본질을 보고 싶습니다. 이런다고 해서 나를 오해하지는 마십시오. "아니, 이름을 붙이는 게 뭐 어때서 그러세요?"라고 물으시겠지만, 내게는 그렇습니다. 어떤 경우에는 이름을 붙인다는 게 비난하는 것이 됩니다.

우리가 기대하는 게 실현될지 어떻게 알 수 있을까요? 아니, 왜 우리는 기대를 합니까? 왜 있는 그대로를 가지고는 살 수 없나요?

열망이나 기대는 사람을 기분 좋게 합니다. 사람들은 뭔가 고상하고 훌륭한 것을 기대하면서 자신이 훌륭하다고 생각합니다. 그러나 열망이나 기대는 자기기만적입니다. 열망과 기대는 실망을 가져오기도 합니다.

《빠알리 경전》은 거대한 보물더미와 같습니다.《빠알리 경전》은 내 인생에 최상의 동반자입니다.

좋은 책, 특히 붓다의 메시지가 담겨있는《빠알리 경전》은 내 삶을 풍부하게 해주고, 내가 사는 세상을 더 깊고 넓게 이해할 수 있도록 해줍니다. 나는 시력이 뒷받침되는 한 오래오래 책과 함께 할 생각입니다. 독서, 수행, 숲속으로 산책가는 것, 때때로 몇몇 사람들과 대화하는 것, 단순하고 조용한 삶을 사는 것, 아무것도 염려하지 않는 것, 이것이 내가 어디에 살든 상관없이 남은 인생을 살아갈 방법입니다.

친구가 보내준《유럽의 르네상스_Renaissance Europe_》라는 역사책을 읽고 있습니다. 인류에 대한 더 깊은 이해를 가지려면, 어떻게 관념과 이상들이 변하는지, 어떻게 사람들이 고통을 만들어내는지, 어떻게 사람들이 항상 변하는 견해에 집착하는지를 알려면 역사를 알아야만 합니다.

견해와 종교 그리고 국가와 자신을 동일시하는 것은 많은 고통과 분쟁을 야기합니다. 자아상은 분열과 고독을 낳습니다.

당신 스스로에게 던지는 질문

　자신의 생각, 다른 누군가의 글을 고스란히 베껴 쓴 글, 누군가의 경험이 가슴에서 우러나온 것을 표현한 글의 차이를 당신은 알 수 있습니까?

　어떤 아픔이나 후회, 회한 같은 문제가 어디에서 오는지 생각해본 적이 있습니까? 또한 그러한 문제의 뿌리를 외면했던 게 당신을 지금 이러한 상황으로 몰아오지는 않았는지 생각해본 적은요?

　당신은 지금 아파하는 누군가와 함께 아파할 수 있습니까? 만일 우리가 다른 사람들과 같은 입장에 놓임으로써 그들이 어떻게 느끼는지 알 수 있다면 무슨 일이 벌어질까요?

　당신 자신에 대해 성찰해본 적이 있습니까? 이상화된 나, 우상화된 나, 진정한 나, 다른 나, 이것이 당신이 다른 사람들에게 보여주는 모습입니다. 모두 합하면 얼마나 많을까요? 어떻게 이 모두를 한데 모아 조화를 이룰 수 있을까요? 어떻게 이들을 모두 하나의 자아상에 담을 수 있을까요? 또는 '이것이 나다!'라고 말할 수 있는 자아상은 이중에 있습니까? 그렇다면 이 '큰 자아big self'는 누구입니까? 동일한 자아상을 가진 사람을 만나본 적이 있습니까? 누구와 어디에 있건 어떤 환경이나 상황에서도 변함없는 그런 자아상을 가진 사람 말입니다.

사람들이 당신에게 꼬리표를 붙이기 시작할 때, 당신은 그 꼬리표를 믿고 그 꼬리표가 말하는 바에 따라 살기 시작하는 건 아닐까요?

당신에 대한 다른 사람들의 인식은 어디까지 옳고, 어디까지 잘못되고, 나아가 얼마나 엉뚱하게 왜곡되었을까요?

또, 당신이 다른 사람들에 대해 가지고 있는 시각 역시 얼마나 틀리고 왜곡되었을까요?

악惡을 미워하는 사람들이 악해질 수 있다는 사실을 통찰해본 적이 있습니다. 왜 그럴까요?

나는 자신의 악에 대한 경계 없이, 타인의 악덕에 대해서만 민감한 사람들을 많이 봤습니다. 그들은 자신의 악으로부터 도망치는 사람들입니다. 사실, 그들은 '악하다'고 생각하는 사람들을 비난함으로써 우월감을 느끼고, 이 우월감 때문에 '나는 악하지 않아'라는 잘못된 생각을 갖게 된다고 봅니다.

거짓말쟁이는 뭐든 할 수 있습니다. 이 말에 동의하는지요?

누군가가 당신에게 거짓말을 할 때 당신은 어떤 기분이 드나요? 그럴 때 진실은 뭐라고 생각합니까?

사람이 진실을 저버릴 때, 잃는 것은 뭘까요? 거짓과 자기기만으로 사는 사람이 얻는 건 뭘까요?

정직한 삶을 살지 않는 사람은 정신적으로나 심리적으로 성장하고 발전할 수 없습니다. 정서적으로나 정신적으로나 어린애 단계에 머무는 사람이 뭘 성취할 수 있겠습니까? 그런 상태에 머무는 사람에게 진실하고 지속적인 기쁨이나 만족이 있을까요?

서로 다른 두 개의 극단적인 인격을 한꺼번에 갖고 있는 사람이 있다면, 당신은 그 사람을 어떻게 대하겠습니까? 친절하고 자애롭고 사려 깊은데, 다른 면은 차갑고 냉담하고 이기적이고 사려 깊지 못하고 경솔하고 불합리하고 자기통제력조차 없이 제멋대로이며 파괴적인 그런 사람을 만나본

적이 있는지요?

어떻게 하면 자신을 철저히 알 수 있을까요? 자기가 자신을 모른다면, 어떻게 남들을 알 수 있고, 남들이 자신을 알아주기를 기대할 수 있을까요?

당신은 어떤 일을 왜 하는지, 어떤 동기로 하는지 곰곰이 생각해보거나 자문해본 적이 있습니까? 아니면 그것이 선업善業, kusala인지 불선업不善業, Akusala인지, 해로운지 유익한지 생각해본 바도 없이, 당신을 조종하는 끈에 의해 단순히 그 일을 합니까? 당신은 유익하지도 않고 행복에 전혀 도움도 되지 않는 습관이나 익숙한 방식들을 컨트롤하기보다는, 오히려 낡은 습관과 욕망에 컨트롤되고 있지는 않는지요?

'고정된 인격'이라고 할 수 있는 게 있습니까? 제 몸의 무늬를 바꿀 수 없는 표범처럼, 검은 까마귀를 하얀 비둘기로 바꿀 수 없듯이 말입니다. 인간은 너무 나약해서 낡은 습관이나 방식을 더 낫게 바꿀 수도 없고 그럴 의지도 없이, 그것의 노예가 될 수밖에 없을까요?

변화가 없다면, 성장도 있을 수 없습니다.

당신에게 '용서'란 무엇입니까? 당신은 당신 자신과 남들을 용서합니까?

당신에게 가해진 부당한 일이 얼마나 많습니까? 당신이 남들에게 행한 부당한 일 또한 얼마나 많습니까?

당신은 당신의 약점과 나약함을 바로잡는 게 좋다고 생각합니까? 아니면 그런 변화가 당신의 자아를 크게 해칠 것이라고 생각합니까? 그래서 당신의 낡은 자아상에 집착해 그대로 안주하렵니까? 당신은 자신과 다른 사람들에게 그렇게 많은 고통을 주는 당신의 자아상과 자아 그 자체를 놓아버리는 게 모두에게 얼마나 유익한지 알 수 있습니까?

무엇이 '자애'인가요? 어떻게 그것을 우리 일상생활에서 행동으로 옮길 수 있을까요? 잠자리에 들기 전에 오늘 하루 동안 했던 선업과 불선업에 대해 성찰을 해보는지요? 앞으로는 불선업을 짓지 않겠다는 결의를 다져보는지요? 혹은 그저 인과因果의 보복을 당하지 않기 위해서 불선업을 짓지 않으려는 건가요?

어둠에 익숙하지 않으면 그것을 피하고, 또 그것으로부

터 도망가기 마련입니다. 빛이 있는 곳이면 어디서든지, 당신 곁에서 그림자가 떠나지 않는다는 사실을 알고 있나요?

그림자는 항상 당신을 따라다닙니다. 어떻게 빛이 그림자나 어둠 없이 홀로 있을 수 있겠습니까? 당신이 그림자로부터 얼마나 멀리 도망갈 수 있겠습니까?

당신도 모르던, 알고 있었어도 그저 피상적으로만 알고 있던, 깊이 파고들기에는 너무 고통스럽고 두려운 그 그림자에 대해 생각해본 적이 있나요?

있는 그대로를 받아들이지 않고 어떻게 우리 앞에 놓인 문제와 미스터리들을 해결할 수 있겠습니까?

당신은 당신 앞에 놓은 문제들에 정확한 이름을 붙이고, 그것을 완전히 노출시키고, 그것으로부터 유유히 걸어서 나올 용기가 있습니까?

항상 마음챙김하면서 깨어있으십시오.

만약 당신이 알고 싶지 않거나 부정하는 뭔가가 있다면, 그리고 두려워하는 어떤 것에서 벗어나고 싶다면 말입니다, 그때야말로 당신이 마음챙김을 하면서 그것을 제대로 응시해야 하는 때입니다.

표범이 제 몸의 무늬를 바꿀 수 없듯,
검은 까마귀가 하얀 비둘기가 될 수 없듯,
인간은 나약해서,
낡은 습관이나 방식을 더 낫게 바꿀 수 없고
그럴 의지마저도 없어,
과거의 노예가 될 수밖에 없는 걸까요?

그러나 분명한 것은
변화가 없다면, 성장은 있을 수 없다는 사실입니다.

무엇이건 처음에 시작하는 게 어렵습니다. 하지만 계속하다 보면 쉬워진다는 사실을 당신도 알고 있습니다. 마음챙김수행도 마찬가집니다. 마음은 오랜 습성에 물들어있습니다. 그래서 항상 산만해지다보니 처음에는 마음챙김수행이 어렵습니다.

하지만 계속해나가면 마음챙김하는 게 매우 자연스러워짐을 알게 됩니다.

완전함은 훈련을 통해 이루어집니다.

당신은 어떻게 생각하는지요?

당신은 어떻게 생각하는지요? 당신의 삶 속에서 업이 작용하는 것을 보고 있습니까? 업은 부메랑처럼 작용하지 않던가요?

당신에게 고통이란 무엇입니까? 얼마나 많은 사람들과 고통으로 얽혀있습니까? 과거에 다른 사람들에게 커다란 고통을 준 일이 있습니까?

자기성취를 위해서 다른 사람들을 커다란 불행이나 고통 속에 둘 건가요? 늘 변명하거나 거짓을 정당화하면서 말입니다.

당신에게 삶의 의미는 무엇입니까? 삶이 당신에게 원하는 것은 무엇입니까?

당신은 왜 이곳에 지금과 같은 존재로 와있다고 생각합

니까? 이 생에 짐승이라든가 다른 저급한 존재가 아닌 인간으로 태어난 게 당신에게 소중한 기회라고 생각하지 않습니까?

일을 할 때 충동적으로 합니까? 아니면 결과를 먼저 생각해본 뒤에 합니까? 우리가 삶에서 얼마나 많은 선택을 요구받는지 아시지요? 당신이 결정을 내릴 때 당신 마음속의 기준은 무엇입니까?

사람은 누구나 다른 사람으로부터 친절과 이해, 사랑과 자비를 바랍니다. 그러는 당신은 얼마나 기꺼이 남들에게 주고자 하는지요?

당신이 살 수 있는 시간이 한 달뿐이라면, 당신은 그 한 달 동안 뭘 하시겠습니까?

당신에게 '죽음'이란 과연 무엇입니까? 고통과 죽음 없이 당신의 인생이 의미 있고 완전할 수 있을까요?

당신은 당신 자신의 고통과 다른 사람들의 고통으로부터 얼마나 많은 것을 배웠습니까?

당신은 밤마다 꿈을 꿉니까? 그것들을 기억할 수 있나요?

보통 어떤 꿈을 꿉니까?

의식적인 세계가 꿈속, 무의식에 어떻게 작용하는지 보여줄 수 있나요?

CHAPTER 6

마음, 마음챙김

마음을 '내 마음'이라 여기지 말고, 그저 '마음'이라고 보십시오. 건전한 마음이든, 불건전한 마음이든 무아로 보십시오. 마음은 일어날 만한 충분한 조건이 있기 때문에 일어난 것이지, 스스로 일어난 것이 아니라는 것을 보십시오. 그것은 실재하는 것도 아니고, 나도, 나의 것도 아닙니다.

수행이란

내게 있어 수행이란 고요·집중·지혜 같은 어떤 것을 만들어내는 게 아닙니다. 일어나는 것들을 그 순간에 아주 간단한 방법으로 분명히 보는 것입니다. 삼매나 통찰의 증득證得을 목표로 현재 있는 곳에서부터 시작하려고 노력해야 합니다. 우리가 있는 곳에서 시작하지 않으면 우리는 항상 후퇴할 수밖에 없습니다. 달리 말하면 수행(시작점)은 '온전한 내적 대화인 마음챙김' 또는 '삶과 삶에 대한 깊은 이해'입니다.

자기 삶의 뒤엉킨 문제를 푸는 것과 수행을 하는 것에는 차이점이 없습니다. 같은 과정의 한 부분입니다.

내게는 카운슬링과 수행지도가 크게 다르지 않습니다. 사람을 이해하지 못하고 책에서 얻은 지식만 있는 사람은 수행지도자나 카운슬러가 아니고 학자일 뿐입니다.

대부분 사람들은 삶의 복잡한 문제를 풀기 위해 도움을 필요로 합니다. 이를 위해 세간의 스승이 큰 도움이 될 수 있습니다. 오래전에 나는 이것을 깨달았고, 그 이해가 점점 깊어지고 있습니다. 내가 미국에 있을 때 사람들을 돕기 위해 제일 먼저 한 일은 그들의 삶과 성격, 고민거리 등을 이해하고 처한 상황을 살펴보는 것이었습니다. 그리고 그들 스스로 그 문제를 분명히 보도록 도와주었습니다. 수행이란 안으로 밖으로 엉킨 것을 푸는 것입니다.

모든 이에게 다 맞는 수학 공식 같은 틀은 없습니다. 사람 모두는 독특합니다. 그래서 유연성이 있어야 합니다. 붓다께서도 사람에 맞춰 다른 가르침을 주셨습니다.

수행지도자는 매우 세심해야 합니다. 그는 자신을 깊이 알고 자신의 엉킨 문제를 잘 알고 있어야 합니다. 사람을 대함에 있어 창의적이어야 하며 더 깊이 이해하고 조언할 때는 부드럽고 인내심이 있어야 합니다. 불편하고 불쾌한 느낌을 느낄 수 있는 밀어붙임이나 진척을 요구하면 안 됩니다. 그의 제자가 처한 상황을 알아야 합니다. 수행은 지금 우리가 있는 곳에서 시작하는 것이지, 있어야 할 곳에서 시작하는 게 아닙니다. 지도자는 반드시 제자의 현재 상황을 잘 알아야 합니다. 거기에 맞게 조언하여 그 자리에서 시작하도록 해야 합니다.

많은 사람들이 배웠고 실천한 수행에는 한계가 있습니다. 그것은 수행을 바르게 알지 못했고 그들의 생활과 동떨어진 것으로 생각했기 때문입니다.

진정한 마음챙김수행은 모든 것을 포함합니다. 우리의 정신적 물질적인 삶 모든 것이 다 알아차려야 할 대상입니다. 삶의 모든 면을 잘 알아야만 합니다.

자연스럽고 움직이며 살아있고 진정한 수행은 어떤 곳에 있든 언제든지 실천해야 하는 것입니다. 전문화되고 단편적인 수행법이라는 것은 있을 수 없습니다. 전문화되고 제도화된 수행법은 해롭다고 생각합니다. 나에게 수행이란 특별한 무엇이 아니고 배워가는 과정입니다.

자기 자신을 위해 할 수 있는 최선이 마음챙김입니다. 자신의 마음을 보십시오. 다른 사람과 책에 얼마나 의존하고 있는지 보십시오. 얼마나 쉽게 지루해하는지 보십시오. 지루함을 마음챙김하는 것 외에 지루함에 대해 아무것도 하지 않은 채 지루하게 살 수 있겠습니까?

아무것도 하지 않는 것doing-nothing은 어렵습니다. 당신도 경험을 통해 이미 알고 있을 것입니다. 아무것도 하지 않을 때 마음에서 무엇이 일어나던가요? 그것을 주의 깊게 관찰해 보았는지요? 지루함은 견디기 힘듭니다. 그래서 우리는 뭔가 하려하고 지루함에서 벗어나려고 합니다. 단 며칠이라도 아무것도 하지 말아보십시오.

모든 이에게 다 맞는 수학 공식 같은 틀은 없습니다.
사람 모두는 독특합니다. 유연성이 있어야 합니다.
붓다께서도 사람에 맞춰 다른 가르침을 주셨습니다.

그렇습니다.
수행은 지금 우리가 있는 곳에서
저마다의 방식으로 시작하는 것이지,
있어야 할 곳에서
모두가 똑같은 방식으로 시작하는 게 아닙니다.

함없음non-doing은 더 어렵습니다. 함없음을 하려고 한다면 그것은 이미 무엇인가를 하고 있는 것입니다. 당신이 뭔가 성취하고자 한다면 그것이 하고 있는 것doing이죠. 만약 당신의 자아ego가 강력해서 아무 것도 하고 있지 않으면 무의미하고 공허해질 것입니다.

함없음은 자아로부터 자유로운 마음상태입니다. 과보 없는 행위, 행하는 자가 없는 행위, 중요한 것은 대가를 바라지 않는 선한 행위입니다.

"깨달음은 깨닫고자 서두르지 않는 이에게 옵니다."

깨달음은 과일나무와 같습니다. 나무가 자라서 과일이 맺기까지 시간이 필요합니다. 다른 누군가가 나의 나무에 열매를 맺게 할 수 없습니다. 힘들고 지루하더라도 나만이 내 깨달음의 나무에 열매를 맺게 할 수 있습니다.

지루함으로부터 도피하지 않고 직면하게 되면, 그것을 넘어선 깨어있음·기민함·활력·명확함 등을 발견할 것입니다. 그러면 마음은 활성화됩니다. 우리는 지루함에 굴복해서 계속 바빠집니다. 바쁘면 필요하고 유용한 사람이라 느끼고, 아무것도 하지 않으면 쓸모없고 창피하다고 느낍니다.

마음에는 어리석음이 있습니다. 우리는 이야깃거리, 읽

을거리, 여행 등 마음을 들뜨게 하는 즐길거리를 찾습니다. 이것은 한쪽만 깨어있는 것이지요. 이런 즐길거리 없이 항상 마음이 깨어있게 훈련할 수 있다면 당신은 새로운 종류의 힘을 발견할 수 있을 것입니다. 오직 끊임없는 마음챙김으로만 이를 수 있습니다.

끊임없는 노력

당신이 집중수행 중이든 아니든 중요한 것은 항상 마음챙김과 함께 하는 것입니다. 집중수행을 하는 것은 도움이 됩니다. 그리고 수행을 계속 유지해서 청정함을 유지하는 것이 중요합니다. 그렇게 하지 않으면 다시 내리막길로 가게 될 테니까요. 수행은 상류를 향해 수영하는 것과 같습니다. 계속 노력해 수영하지 않으면 하류로 휩쓸려 가버립니다.

수행하는 노력은 자전거 타기를 배우는 것과 같습니다. 처음에는 너무 힘을 써서 넘어집니다. 계속해서 반복반복 하면 나중에는 적절한 노력으로 자전거를 타고 앞으로 나아갈 수 있게 됩니다. 자전거는 자전거를 타면서 배우지요. 수행에서 중요한 점은 계속하는 것입니다. 마음챙김이 무엇인지 알고 싶다면 계속해서 마음챙김하는 것뿐입니다. 그와 같이 함으로써 마음챙김이 무엇인지 알게 될 것입니다. 당신이 노력을 더 해야겠다고 생각하면 마음챙김이 마음에 어떻게 영향을 미치는지 보십시오. 마음챙김을 유지하는 법을 배우면 마음챙김이 없을 때 마음이 편치 않음도 알게 될 것입니다.

수행은 최상의 유익

생각으로 마음을 행복하게 만들 수 없습니다. 생각을 통제하려말고 지켜보십시오. 생각을 명확히 보면 생각은 멈출 것입니다. 생각은 큰 짐입니다.

가장 중요한 것은 자신의 마음을 알아차리는 것입니다. 무언가를 할 때 의도를 알아차려야 합니다. 대부분의 사람들이 말하거나 행동할 때 의도를 알아차리지 못합니다.

마음챙김수행은 여섯 감각 장소(눈·귀·코·혀·몸·마음)에서 일어나는 모든 것을 알아차리는 것입니다. 좌선할 때는 물론 눈을 뜨는 순간부터 잠들기 직전까지 온종일 끊임없이 하는 것입니다. 당신이 집착하고 있는 꿈과 이상, 불만, 외로움, 감정들, 약점과 장점 등을 이해하고 마음챙김하는 것이 중요합니다.

사마타 수행이 당신에게 적합하면 하십시오. 오랜시간 하십시오. 그래서 능숙해지면 그것의 장점과 단점에 대해 알게 될 것입니다.

"수행은 가장 좋은 유익함善, kusala입니다."

수영과 수행

수행을 하기를 원한다면 진심으로 하십시오. '이생에서 하고 싶은 것은 오직 수행뿐이다'라는 마음으로 하십시오. 마음을 들뜨게 하는 것들을 경계하십시오.

수영을 배우려면 물속에 들어가야 합니다. 물가에 앉아서 사람들에게 수영하는 법을 물어보며 배우는 것은 아무 소용이 없습니다. 최소한의 설명을 듣고 물속으로 들어가서 어떻게 수영하는지 직접 배워야 합니다.

자신에게 적합한 대상 한 가지 또는 두 가지를 선택하여 계속해서 마음챙김하십시오. 꾸준히 계속해서 하는 것이 매우 중요합니다.

홀로있음

혼자 있을 때 나는 행복합니다. 말하는 것은 따분합니다. 우주 안에서 흩어져버리는 듯한 나의 느낌에 대해 이야기 했었지요. 사물이나 사람들이 내게 미치는 힘은 점점 약해지고 있습니다. 이 느낌에 대해 말하기는 어렵습니다. 내마음이 훨씬 가벼워진 느낌이라고나 할까요.

홀로있음은 아주 멋집니다. 책 읽는 것은 점점 줄이고 이제는 내 마음 읽는 것을 더 늘리려고 합니다. 나는 책에서 깊이 있는 것을 배울 수 없었습니다. 내 삶과 마음을 유심히 관찰할 때 깊이 있는 무언가를 배웁니다.

권리

심하게 감동하거나 흥분하지 마십시오. 또한 그것을 합리화하려고도 하지 마세요. 당신은 당신의 삶을 살고 있고, 자신이 옳다고 생각하는 것은 무엇이든 할 권리가 있습니다. 잘못을 했다면 그것으로부터 배우십시오.

잘못해서 곤경에 처했으면 자신이나 남에게 불평하거나 회피하지 말고, 자신을 합리화하지도 말고 화내지도 말며 상황(마음)을 가만히 보십시오. 이것을 아무 저항 없이 볼 수 있다면 문제를 쉽게 극복할 수 있을 것입니다.

마음을 바꾸려고 하지 말고 아주 유심히 마음을 지켜보면 당신의 매듭이 풀릴 것입니다. 그렇다고 해서 매듭을 풀기 위한 목적으로 마음을 지켜보진 마십시오. 그것은 갈등만 유발할 테니까요.

"마음에서 무아無我, anatta를 보십시오."

인간존재에게 있어 가장 보람있는 일은 공통적인 인간 본성을 알고 개별적인 마음을 아는 것입니다.

산란함

산란함이 있을 때 산란함을 알고 있는지요? 산란함에 대해 산란하지 않은지요? 자신이 산란하면서 그것을 모르는 사람이 있습니다. 산란함은 너무 서두르거나 열중해서 그렇습니다. 너무 생각하지 말고 마음챙김하십시오. 생각을 많이 하면 더 산란해질 뿐입니다.

아플 때

　당신이 병들었을 때 마음챙김할 수 있다면 아주 깊이 있고 의미있는 것을 배우게 될 것입니다. 자신이 얼마나 외로운지, 모든 것이 얼마나 의미없는 일인지 알게 될 것입니다. 최악의 최악이 일어났을 때 우리는 실로 혼자가 됩니다.

　나는 이 외로움을 보고 있습니다. 최악의 최악이 일어났을 때 우리에게 손을 뻗치면서 이해하기까지 해줄 사람은 매우 적습니다.

마음챙김 I

마음챙김은 우리 본성의 한 부분이기에 자연스럽고 쉽게 계발할 수 있습니다.

당신은 다른 사람에게 그의 생각과 느낌을 어떻게 마음챙김하는지 설명할 수 있는지요? 수행은 통제가 아닙니다. 단순하게 꾸밈없이 그대로의 마음을 알아차리는 것입니다. 마음속에는 재잘거림·독백·대화와 비난·판단이 끊임없이 계속되고 있습니다.

마음챙김은 삶의 방식입니다. 우리가 어디에서 무엇을 하든지 항상 마음챙김과 함께 해야 합니다. 생각은 마음챙김에 커다란 장애입니다. 그것을 알아차려야 합니다. 생각을 알아차리는 것은 중요합니다. 비난·판단 없이 마음을 지켜보십시오. 생각은 당신 것이 아닙니다. 생각을 생각으로 보십시오.

수행에 있어 중요한 첫걸음은
정신 현상과 물질 현상을 분리해서 보는 것입니다.

정신과 물질을 분리해 보지 않고서는
어떤 것도 극복할 수 없습니다.

행복

수행 중에 자연스럽게 일어나는 모든 것을 마음챙김하십시오. 수행에서 중요한 점은 관심이 있어야 한다는 것과, 수행이 재미있고 행복해야 한다는 것입니다. 수행하는 데는 만족감이 필요합니다. 따분한 생각이 들면 수행에 대해 부정적인 태도를 보이게 됩니다. 부정적인 태도로 수행을 하면 피곤하기만 합니다. 믿음saddhā은 에너지입니다. 맞습니다. 믿음이 확고할수록 수행하면서 에너지를 얻게 됩니다.

일어나고 사라지는 마음을 관찰하는 것에 관심이 있다면 마음을 마음챙김하십시오. 삶에서 마음 보는 것은 가장 흥미로운 것입니다.

많이 걷고 마음챙김하십시오. 지금 처한 상황을 어떻게 바꿀까 생각하면 할수록 당신은 점점 더 불행해질 뿐입니다. 우리는 항상 미래를 계획합니다. 항상 "만약 ○○하다면, 행복할 텐데"라고 하지, "지금 행복해"라고는 하지 않습니다.

마음챙김 Ⅱ

우리는 많은 시간을 쓸데없는 일에 낭비합니다. 자신을 좀 더 절제한다면, 더 깊은 마음챙김을 계발할 수 있습니다. 일상에서 마음챙김을 하지 않는다면 삶에 대한 이해를 계발할 수 없습니다. 삶에 대한 이해와 법에 대한 이해는 함께합니다. 인생을 의미 있게 살아야 합니다.

담마Dhamma, 즉 법에 깊은 관심이 있는 사람은 아주 드뭅니다. 대부분 사람들은 자신의 마음을 알아차리지 못합니다. 마음은 유익善하거나 해로움不善이거나 두 가지 상태입니다. 유익한 상태만이 아니라 해로운 상태도 알아차려야 합니다. 우리는 마음을 통제하지 못합니다. 무아anattā이기 때문이지요.

탐욕lobha, 성냄dosa, 어리석음moha, 자만māna, 질투issā, 인색macchariya, 근심kukkucca 등 해로운 마음과 마음챙김sati, 삼매samādhi, 지혜paññā, 자애mettā, 연민karuṇā 등 유익한 마음의 성질을 알아야 합니다. 마음의 성질을 아는 것은 깨달음이나 번뇌kilesa를 제거하는 것보다 더 중요합니다. 이해를 하게 되면 극복은 자연스럽게 따라서 옵니다.

　탐욕이나 성냄 등으로 산란하면, 당신은 들떠서 탐욕, 성냄 등을 명확히 볼 수 없습니다. 그러나 그래도 보아야 합니다. 객관적으로 무언가 하려 하지 말고, 마음을 보려는 의도를 낼 때 당신은 그것을 분명히 볼 수 있습니다. 그러면 탐욕과 성냄 등 당신을 제압하고 있던 해로운 마음들이 힘을 잃고 사라질 것입니다.

　탐욕·자만·성냄을 미워하지 마십시오. 우리는 이것으로부터 아주 많은 것을 배울 수 있습니다.

분리해서 보기

수행에 있어 중요한 첫걸음은 정신과 물질 현상을 분리해서 보는 것입니다. 정신과 물질 현상을 분리해 보지 않고서는 어떤 것도 극복할 수 없습니다. 사람들이 왜 들뜨는지 아시나요? 정신과 물질 현상을 일체화해서 보기 때문입니다. 탐욕·갈애·취착·좌절·성냄·자만 등이 생길 때 그것을 나, 나의 것으로 보지 않고 자연스런 현상으로 보아야 합니다. 그것을 극복하려고 하지 마십시오. 성냄은 일종의 자기중심적인 행위입니다. 성내고 있는 자아atta가 있습니까? 성냄은 자연스런 현상입니다. 성냄은 자아를 부추깁니다. 평온한 마음으로 화내지 않고 마음을 분리해서 볼 수 있다면, 성냄 등을 흥미롭고 명확하게 볼 수 있게 됩니다. 그것은 무상하고 실체가 없으며 무아라는 본래의 성질을 가지고 있습니다. 일체화는 모든 번뇌를 강하게 만듭니다. 일체화하지 않으면 번뇌는 힘을 잃습니다. 수다원sotāpanna은 탐욕·성냄 등은 아직 남아있지만 정신과 물질을 일체화하지 않습니다. 오직 아나함anāgāmī과 아라한arahat만이 탐욕과 성냄으로부

터 자유롭습니다. 자만māna에서는 아라한이 되어야 완전히
벗어납니다.

무언가를 성취하고자 하는 사람은
자신을 절제하는 것을 배워야 한다.

_요한 볼프강 폰 괴테

마법사

음악을 즐기기 때문에 성냄이 일어난다면 음악에 대해 너무 많이 요구하고 기대하기 때문입니다. 즐기는 그 마음을 보고, 평온하게 관찰하면 그것의 본질을 보게 될 것입니다. 성냄은 탐욕·자만과 가까운 친구입니다. "나는 수행자야. 그러니까 내 마음에 탐욕과 자만이 있으면 안돼!"라고 생각하기 때문에 성냄이 일어납니다. 대신에 어떤 종류의 탐욕이나 자만이 있으면 "내가 잘 관찰할 수 있게 머물러!"라고 해보십시오. 이것은 놀라운 것입니다. 탐욕은 거대한 마법사입니다. 그것이 마법을 부려 즐거운 느낌을 불러오는 것을 보십시오. 마음이 탐욕에 속아서 마술 부리는 것을 보지 못하고 그것을 '나'라고 보는 것입니다.

마음은 오묘합니다. 마음은 새로운 무엇, 변화를 원합니다. 마음은 즐길거리를 원합니다. 지루함은 커다란 문제입니다. 지루함을 피해 이런 저런 즐길거리를 쫓아다니는 것이 대부분 사람들이 하는 행위입니다.

자만

항상 깨어있지 않으면 "수행자니까, 법을 아니까, 무엇이 옳고 그른지 아니까"라는 자만심 때문에 자기 혼자만이 옳다고 하게 됩니다.

마음에 자만이 있을 때 그것을 분명히 보려고만 하십시오. 자만을 없애려고 하지 않고 분명히 보는 것이 중요합니다. 그러면 스스로 처리될 것입니다. 아라한이 되어야 자만으로부터 벗어납니다. 일부러 겸손을 훈련하지는 마십시오. 그것은 강요된 것입니다. 단지 자만을 마음챙김하십시오. 마음을 명확히 보게 되면 자연스럽게 겸손해질 것입니다.

유익한 마음과 해로운 마음

　유익함과 해로움의 연관성과 직접적인 결과를 알지 못하면 법의 진가를 알지 못합니다. 어떤 형태의 종교 수행은 표면적인 복종이 깊지만 좋은 결과를 가져오지 못합니다. 여섯 감각 장소(눈·귀·코·혀·몸·마음)의 문을 통해 이루어지는 마음의 반응, 특히 개념에 대한 집착을 아는 것은 중요합니다.

　유익한善 마음과 해로운不善 마음을 아는 것이 수행의 시작입니다. 나는 꾸살라kusala를 '좋음', 아꾸살라Akusala를 '나쁨'이라는 단어로 사용하고 싶지 않습니다. 내가 의미하는 '앎'은 책에서 읽었다든지 생각해서 아는 걸 말하는 게 아닙니다. 직접 실재로 보는 것을 의미합니다. 유익한 마음일 때와 해로운 마음일 때 마음 상태의 차이점을 보십시오.

　마음을 분명히 보면, 상황이나 환경이 어떠하든지 해로운 마음은 담고 있을 필요가 없다는 걸 알게 됩니다. 괴로운 상황에서 해로운 마음이 아닌 유익한 마음으로 대처하는 좋은 방법이 반드시 있습니다. 이것이 바로 지혜입니다. 어떠한 상황에서도 해로운 마음 없이 살아가는 것. 이 지혜를 얻기 위해 우리는 보고 듣는 모든 것에 반응하는 마음을 분명히 알아차려야 합니다.

마음챙김 Ⅲ

마음에서 해로운 것, 괴로운 것, 아름답지 않은 것, 원하지 않은 것, 성냄·탐욕·의심·자만이 일어나면 급하게 해결하려 하지 말고, 그냥 보십시오. 또한 마음에서 삼매·평온·희열·마음챙김 같은 그 어떤 유익한 것이 일어나도 매달리거나 지속되기를 바라지 말고, 그냥 보십시오.

마음이 일어난 것에 반대하거나 가로막거나 방해하거나, 창조하거나 만들어내거나 지속시키기 위해 상황을 통제하려고 하는 순간 마음은 균형을 잃습니다.

'계속 유지하고자 함'은 탐욕이고 반대, 즉 떨쳐내려는 것은 성냄입니다.

'반대하지 않음'이 격려한다거나, '계속해서 유지하지 않음'이 단념한다는 뜻은 아닙니다. 단지 객관적으로 바라보는 것이 마음챙김입니다. 관여함 없이 보는 것입니다.

우리는 무언가를 하고 무언가를 만드는 것에 익숙합니다. 그래서 단순히 바라보는 방법을 모릅니다. 우리는 상황을 통제하고 관여하고 싶어 하는데, 그래서 곤란에 빠집니다. 중요한 것은 '관여하지 말라', '통제하지 말라'는 뜻이 아닙니다. 당신이 관여하지 않으려고, 통제하지 않으려고 한다면, 이것은 또 다른 통제일 뿐입니다. 그러니 통제하려고 할때 통제하려고 한다는 것을 마음챙김하십시오.

마음챙김이 없는 삶은 매우 피상적일 수밖에 없음을 알게 될 것입니다. 마음챙김은 삶에 깊이와 의미를 줍니다.

행복과 싫증

사람들은 행복하길 원합니다. 그러면서 어떻게 마음챙김에는 관심이 없을까요? 사람들은 행복이 감각적 욕망에 있거나, 원하는 것을 얻거나, 높은 지위에 오르거나, 감각적 즐거움에 있다고 생각하나 봅니다. 사람들은 재미있는 즐길거리를 원합니다. 즐길거리에 싫증이 나면 쉬고 싶어집니다. 그러면 마음챙김수행을 함으로써 마음을 고요히 하기를 원합니다. 가끔 나는 읽고 말하고 생각하고 계획하는 데 지쳐서 녹초가 될 때가 있습니다. 그럴 때면 마음은 모든 것에 대해 흥미를 잃습니다. 그것들이 얼마나 무의미하고 불필요한지 보게 됩니다. 그러면 단순하게 마음챙김하는 것이 매우 쉬워집니다. 그러니 녹초가 된 기분도 좋은 것입니다.

몸과 마음을 조화롭게 유지하는 것은 중요합니다. 자동차나 라디오를 최고 상태로 맞추어 놓듯 말입니다. 그것이 좋은 상태에 있어야 주파수나 진동과 신호들을 예민하게 감지할 수 있으니까요.

음식·기후·운동·대화·독서·감각적 욕망 등이 몸과 마

음에 어떻게 영향을 미치는지 잘 알아야 합니다. 모든 것이 몸과 마음에 영향을 미칩니다. 수행 또한 같습니다. 수행은 마음을 더욱 민감하게 만듭니다.

마음은 과거나 미래에 머물기를 좋아합니다. 현재는 스치듯이 지나갈 뿐 현재에 머물지 않습니다. 마음은 TV보기·음악듣기·먹기·말하기·흡연·독서와 이것저것 항상 들뜨게 하는 것을 찾습니다. 우리가 진정 마음챙김을 좋아하나요? 우리가 얼마나 피상적인지 놀랄 일도 아닙니다.

사람들은 마음챙김을 진통제처럼 이용하기도 합니다. 사는 게 고통스러우면 조용한 장소를 찾아 수행을 하고 싶어 합니다. 그 외에는 마음을 들뜨게 만드는 것에 만족하며 지내지요.

성냄

　누구도 성냄으로부터 자유롭지 못합니다. 성냄은 충분한 원인이 있어 일어납니다. 우리가 할 수 있는 것은 마음에 성냄이 있다는 것을 아는 것뿐입니다. 당신이 화가 났을 때 당신 스스로 얼마나 많이 상처받는지 보십시오. 어떤 것에든 성낸다는 것은 가치가 없는 일입니다. 마음챙김하십시오. 성냄을 '나의 성냄'이 아니라 성냄 그 자체로만 보십시오.

　성내지 말라는 말이 아닙니다. 실재적으로 보는 게 중요합니다. 우리는 개념을 가지고 있습니다. 그러나 개념을 얻을 수는 없습니다. 이것은 또한 개념을 가져서는 안 된다는 의미가 아닙니다. 우리의 능력을 알아야 합니다. 좋고 나쁨에 낙담하지 마십시오. 가능한 한 많이 마음챙김하십시오. 최선을 다 하십시오.

누구도 성냄으로부터 자유롭지 못합니다.
당신이 화가 났을 때
당신 스스로 얼마나 많이 상처받는지 보십시오.
어떤 것에든 성낸다는 것은
가치가 없는 일입니다.
마음챙김하십시오.
성냄을 '나의 성냄'이 아니라 성냄 그 자체로만 보십시오.

마음챙김 Ⅳ

힘들어도 마음챙김하십시오. 마음챙김이 불가능하다고 생각할 때가 바로 마음챙김할 중요한 때입니다.

마음이 들떠 있을 때 수행하는 것은 중요합니다. 마음이 들떠서 수행하는 것이 불가능하다고 생각할 때가 수행하기 좋은 때입니다 .

〈대념처경Mahāsatipaṭṭhāna-sutta〉에서 붓다께서
vikkhittaṃ vā cittaṃ 'vikkhittaṃ cittan'ti pajānāti.
"산란한 마음을 산란한 마음이라 명확히 안다"라고 했습니다.

붓다께서는 탐욕·성냄에 대해 죄책감을 느껴야 한다고 하지 않으셨습니다. 당신은 무엇이 일어나는지 알아차리기만 하면 됩니다. 그것이 당신이 할 수 있는 것 전부입니다. 당신 자신을 속이지 마십시오. 마음챙김하되 자신을 꾸짖지는 마십시오. 받아들임과 정직이 중요합니다.

마음상태를 아는 것으로 충분합니다. 그 이상 무엇을 하고자 한다면 당신은 좌절해서 포기하게 될 것입니다. 마음을 통제할 수는 없습니다. 그래서 무아anattā입니다.

> sarāgaṃ vā cittaṃ 'sarāgaṃ cittan'ti pajānāti.
>
> 탐욕이 있는 마음을 탐욕이 있는 마음이라 명확히 안다.
>
> _고타마 붓다

빠자나띠pajānāti는 명확히 아는 것입니다. 수행은 이게 전부입니다. 그 이상은 없습니다.

죄책감

바쁘게 사는 사람들이 항상 고요하고 평화로운 마음을 갖는다는 것은 불가능합니다.

담마Dhamma에 관한 책을 읽거나 법문을 듣는 것에 죄책감을 느끼는 사람도 있습니다. 다른 이에게 피해를 주지 않고 감각적 욕망을 즐기는 것에 죄책감을 느낄 필요는 없습니다. 감각적 욕망이 주는 즐거움이 무엇인지 보십시오.

즐거운 느낌을 느끼면 즐거운 느낌을 느낀다고 명확히 안다.

_고타마 붓다

어디에서 죄책감이 일어납니까? 우리가 삶을 즐길 때 죄책감을 느끼라고 누가 가르치던가요? 마음챙김하는 것만으로 충분합니다!

무아 관찰

마음챙김이 자신을 위해 할 수 있는 최상의 것임을 안다 해도 우리는 산란해집니다. 마음이 즐길거리를 원하기 때문입니다.

마음을 지켜보고 마음이 무엇을 하는지 보십시오. 당신이 마음을 안다면 대부분의 문제들은 사라질 것입니다. 모든 문제는 마음이 만들어낸 것이기 때문입니다. 사실 마음 밖에서 그것은 실재하지 않습니다.

당신이 할 수 있는 최선은 자신을 비난하거나 합리화하지 않고, 달라지기를 원하거나 달아나거나 죄책감 없이 마음상태를 있는 그대로 받아들이는 것입니다.

마음을 '나의 마음'이 아니라 '마음' 자체로 보십시오. 유익한 마음이든 해로운 마음이든 무아로 보십시오. 마음은 그것이 일어날 충분한 조건이 있기에 일어난 것이지 홀로 일어난 것이 아님을 보십시오. 마음은 자아도 아니고 나도 아니고 나의 것도 아닙니다.

기대

기대는 실망의 원인입니다. 기대 그 자체가 마음을 들뜨게 합니다.

사람들이 고요·평온·희열에 대한 이상을 갖고 있기에 좌절하기도 합니다.

홀로 은둔 생활을 하는 사람들은 삼매samādhi 속에서 지낼 수 있습니다. 삼매를 유지하는 것은 좋습니다. 그러나 삼매에 집착하는 것은 조심해야 합니다. 삼매에 집착함은 위험합니다. 삼매는 마음을 청정하게 합니다. 삼매는 마음을 새롭게 하고 마음챙김도 도와줍니다.

삼매는 통찰을 계발하는데 필요합니다. 그것은 들뜸과 반대입니다.

현명한 주의기울임yoniso manasikāra은 유익한kusala 마음의 주원인입니다. 현명한 주의기울임이 없으면 유익한 마음도 없습니다. 현명하지 못한 주의기울임yoniso manasikāra은 해로운Akusala 마음의 원인입니다.

개념

　　당신이 직접 경험할 수 있는 유일한 것은 생각·느낌·사고방식 등을 포함한 당신 마음입니다. 나머지는 모두 개념일 뿐입니다. 당신은 당신 손을 보면서 손의 모양과 색깔을 본다고 생각합니다. 그러나 그것은 이미 많은 인식단계를 지나서 그리 보이는 것입니다. 어떻게 형상과 색깔을 보나요? 무엇이 형상이고 무엇이 색깔인가요?

소리

한 수행자가 내게 말하기를 자신이 수행하고 있을 때 소리를 알아차렸답니다. 처음에는 그 소리가 멀리서 들리더니 조금 더 수행을 하고 나서는 그 소리가 귀에서 일어났다고 했습니다. 점점 수행이 깊어지니까 소리가 마음에서 일어나는 것을 경험했다고 했습니다. 마음 없이는 소리도 없습니다.

만약에

　마음챙김을 대체할 유익함善은 없습니다. 당신은 자신이 이 수행을 계속하면 자신의 문제가 사라질 거라는 걸 알았다고 했습니다. 우리는 자주 말합니다. "만약에, 만약에, 만약에~~~"라고. 무엇이 수행하는 것을 막고 있나요? 왜 "만약~~"이죠? 우리는 문제가 사라지기를 원하지 않는 듯이 보입니다. 아니면 수행함으로 문제가 사라진다는 것을 믿지 못하고 있는지도 모르겠습니다. 그렇다면 "만약에~"라고 말하는 게 낫겠습니다. 거기에는 희망이라도 있으니까요. 그러니 실제로 수행에 뛰어들지 않고 그냥 희망만 갖는 것이 나을지도 모르겠습니다. 당신은 진정으로 수행하지 않으면서 말로만 "난 할 수 있어" 할 뿐입니다. 이것은 마음이 속이는 것입니다.

자기 종교

우리는 왜 남을 설득시키기 위해 그렇게 애쓸까요?

내가 미국에서 돌아왔을 때 많은 사람들이 물었습니다. 미국에도 사람들이 불교를 믿고 있냐고 말입니다. 서양인들이 붓다의 가르침에 따라 수행하고 있다는 것에 그들은 기뻐했습니다. 그들 자신도 수행하지 않으면서 말입니다. 서양인들이 불교도가 되고 수행을 하는게 왜 기뻤을까요? 당신이 믿는 것을 다른 사람이 믿을 때 당신은 왜 기쁨을 느낄까요?

우리는 아무 것도 확실히 모른다.
그러나 우리가 고통받고 있음을 안다.
들뜸에 빠지지 않는다면
우리는 답을 찾을 것이다.
답을 가졌다는 자만mana이
내 무명의 원인이 되었다.

_우 조티카

수행이든 출가든 고행이든 어느 것이든 하고 싶은 것을 하십시오. 그러면 무엇이 당신에게 가장 좋은지 당신 스스로 알 것입니다. 내게 조언을 구한다면 항상 마음챙김하라고 말하겠습니다.

이완 수행

편안하게 수행하십시오. 아주 간단합니다. 편안하게 앉
거나, 누워야 한다면 누우십시오. 머리 끝부터 시작해서 긴
장된 부위와 통증을 모두 확인하면서 온 몸을 쭉 훑어보십
시오. 불쾌한 느낌을 더 많이 알아차리게 될수록 근육을 이
완시키는 법을 알게 되고 긴장이나 통증은 천천히 사라질
것입니다. 당신 몸의 모든 부분을 빠짐없이 훑어보십시오.
몸의 내부까지요. 손가락과 발가락, 앞에서 뒤로 천천히 인
내를 가지고 보십시오. 한 번 하고 한 번 더 하십시오.

계속

　내가 비구가 되기 전에 수행에 대한 많은 책을 읽었습니다. 그래서 나는 수행에 대해 알고 있다고 생각했습니다. 비구가 되고 1년쯤 지나서야 이제 비로소 수행이 무엇인지 아는구나라고 생각했습니다. 삼년이 지나자 이제 수행이 무엇인지 진실로 아는구나 생각했습니다. 수행은 이처럼 계속되는 것입니다.

자신과 평화롭게 지내십시오.
자신의 한계와 번뇌를 이해하십시오.

먼저 스스로 평화롭고 의미 있게 사는 법을 배운 다음,
다른 사람들도 그렇게 살 수 있도록 도움을 주십시오.

생활수행

수행인들이 마음챙김에 대해 가장 간단한 것조차 모른다는 것을 알 때면 놀라곤 합니다. 어떤 사람은 언제 어디서나 무엇을 하든 마음챙김수행을 할 수 있다는 것을 처음 들었다고 했습니다. 많은 사람이 좌선만이 수행이라고 생각합니다. 그리고 수행하는 동안 다른 어떤 것도 하면 안 된다고 생각합니다. 수행하기 위한 시간이 따로 있다라고 생각하는 것은 사람들과의 관계 속에서 일어나는 마음을 관찰하려는 의도가 없다는 것입니다.

많은 사람이 수행을 하지만, 일상에서 탐욕·갈애·성냄·증오·자만·시기·질투를 보지 못합니다. 또한 사람들과의 관계 속에서, 사람들과 말할 때 일어나는 번뇌를 지켜보는 것이 얼마나 중요한지 모릅니다. 수행자들에게 말하는 순간에도 마음챙김하라고 나는 강조합니다.

말할 때 분명이 알아차리며 말한다.

_고타마 붓다

대화는 우리 삶의 많은 부분을 차지합니다. 말하는 동안에 마음챙김을 하는 것은 많은 도움이 됩니다. 말하면서 마음챙김하는 것이 쉽지는 않지만 그렇다고 불가능한 것은 아닙니다. 먼저 무엇에 대해 말하고자 하는지 알아차리십시오. 입술의 움직임, 목소리의 크기를 비롯해 말하는 것과 관련된 그 무엇이든 마음챙김해서 알아차리십시오.

마음챙김은 나의 친구

삶에서 가장 고통스러운 경험은 인간관계에서 일어납니다. 그러니 사람관계 속에서 마음챙김하는 것은 매우 중요합니다. 우리는 우리와 관계한 사람들에 대한 우리의 태도를 알아차려야 합니다. 대상에 대한 태도를 알아차리는 것은 중요합니다. 바른 태도를 갖지 않으면 많은 문제를 만듭니다.

사람들은 상반되는 바람과 욕구로 가득 차 있습니다. 대부분 사람들은 진정으로 하고 싶은 것이 무엇인지 모릅니다. 마음은 왔다갔다 변합니다. 모순이 규칙입니다. 마음은 상반된 느낌으로 꽉 차있습니다.

가장 중요한 것은 마음챙김입니다. 생각을 알아차리면 생각은 멈추고 삶이 무엇인지, 문제는 어디서 오는지 알게 됩니다. 당신의 문제는 당신의 마음에서 옵니다. '당신의 문제가 당신의 마음에서 온다'라는 내 말의 의미를 당신은 이해 못할지도 모릅니다. 그러나 당신의 마음을 깊이 이해하게 되면 알게 될 것입니다.

"지혜는 업kamma을 극복할 수 있습니다."

사람은 자신이 하고 있는 지계持戒, 마음챙김에 진실해야 합니다. 그렇지 않으면 당신이 하고 있는 일이나, 스스로를 존경할 수 없습니다. 그러한 존경 없이 즐거움이나 만족스러운 결실이 있을 수 없습니다.

우리는 마음의 과정을 알아차리지 못하고 있습니다. 그리고 과거생을 포함한 지난 시간 속에서의 경험·느낌·결심의 대부분을 잊어버렸습니다. 그러나 이러한 것들이 우리가 지금 느끼고 생각하는 방식에 영향을 미칩니다. 우리가 잊고 있는 이 부분들은 우리 마음의 일부입니다. 나는 이것을 '무의식적인 마음'이라고 하는데 좀 더 나은 용어가 있으면 좋겠습니다(바왕가).

나는 내 마음의 불선한 면을 더 많이 알아차리고 있습니다. 내가 마음챙김하면 할수록 숨겨진 면은 더 많이 드러나고 나는 점점 편해집니다.

나에게 있어 많은 것이 중요성을 잃었습니다. 많은 것에 더 이상 관여하지 않습니다. 이것이 내 마음과 삶, 내 마음이 실제로 하는 것을 볼 수 있도록 많은 자유를 가져다주었습니다.

우리 고통의 대부분은 우리가 만든 것입니다. 마음은 거대한 마술사입니다. 마음은 고통을 만들어내고 그 고통을 받습니다. 즐거움을 만들고 그것을 즐깁니다. 마음은 자신이 만든 뱀에게 물리고, 뱀에게 물린 독으로 고통받습니다. 이 사실을 알면 정신적 고통의 90퍼센트는 사라질 것입니다.

당신이 어디에서 살고 있으며 누구와 관계 맺고 있는지는 중요합니다. 장소와 주위사람으로 인해 마음이 불선해지기도 합니다. 그리고 나쁜 환경은 마음에 상처를 줍니다. 우리는 민감하게 주위로부터 영향을 받습니다.

나는 오랫동안 내 마음을 지켜봐왔습니다. 그래서 지금은 내 마음을 많이 알아차릴 수 있습니다. 얼마나 시시하고 어처구니없고 어리석고 불선한 마음인지를요. 그럼에도 그것을 마음챙김하기에 번뇌들이 나를 휩쓸어버릴 수 없습니다.

탐욕과 자만

육체적·정신적으로 자유롭고 평화롭고 싶습니다. 그래
서 무엇이 사람을 자유롭고 평화롭지 못하게 하는지 찾고
있습니다. 자신을 속박하는 것을 보면 볼수록 자유로울 기회
가 점점 많아집니다. 사실 답은 간단합니다. 자신을 속박하
는 것은 탐욕과 자만입니다. 탐욕과 자만에 대해 생각하는
게 아니라, 자신의 삶에서 탐욕과 자만이 어떻게 작용하는지
보는 것이 중요합니다.

받아들임

나는 책에서 배운 것 대부분을 잊어버렸습니다. 많은 것을 기억하고 싶지 않습니다. 그러나 내 자신에 대해, 내 마음, 내 정신상태, 불선한 모든 것, 나에 관한 어리석음에 대해서는 많이 알고 있습니다. 사람들은 나에게 어떤 일이 부끄러운 것이고 어떤 생각에 죄책감을 느껴야 한다고 가르쳐 주었습니다. 그런데 나는 그렇게 하고 싶진 않습니다. 우리에게는 불선한 생각이 있지만 대부분은 그것을 부정합니다. 나는 나의 모든 것을 말하지 않을 것입니다. 그렇지만 나는 저항하지 않고 나에 관한 모든 선과 불선을 받아들입니다.

받아들이지 않는 한 우리는 아무것도 바꿀 수 없다.

_카를 융

자신을 알고 받아들이면 마음은 평화롭고 평온해집니다. 나는 거부하거나 평가하거나 저항하지 않고 내 마음을 계속 볼 것입니다. 내가 진실로 알고자 하는 것은 바로 나 자신입니다.

　　나의 마음이 비워지고 깨끗해지고 가벼워지니 기쁩니다. 나는 증명할 것도 방어할 것도 전할 것도 갖고 있지 않습니다.

잘못

내가 젊었을 때 나는 아주 어리석었습니다. 아직도 종종 어리석은 짓을 하지만요. 그것에 대해 말하고 싶지는 않지만 그것을 잊으려고 애쓰지는 않습니다. 내가 한 일의 기억이 마음에 떠오르면 나는 저항하지 않습니다. 고통스럽긴 하지만 성내지도 않습니다.

모든 사람이 잘못을 합니다. 사람들이 잘못했을 때 마음에서 무엇이 일어나는가에 대해 배웠습니다. 죄책감으로 힘들어하는 마음, 잘못된 과거를 잊으려고 하는 마음, 그리고 사람들에게 사랑·존경·헌신·명예·통찰 등 유익한 것의 가치를 느끼지 못하게 만드는 것을 말입니다. 나는 내 자신을 용서합니다. 그 상황에서 내가 어떻게 그런 불선한 짓을 하지 않을 수 있었겠습니까? 그런데 남은 인생을 계속 죄책감을 느끼며 살아가야 할까요? 아니요. 나는 나의 잘못으로부터 배웠습니다. 그 잘못을 되풀이하지 않으려고 최선을 다해 노력하고 있습니다. 내가 더 이상 무엇을 할 수 있나요? 없습니다.

사실을 받아들이면 마음은 자유로워질 것입니다

나는 온전히 지혜롭지 않습니다. 어리석습니다. 나의 마음챙김이 나침반입니다. 내가 잘못했을 때 마음챙김이 내가 어려움에 처했다고 항상 말해줍니다.

우리 자신을 있는 그대로 깊이 이해하지 않고서는 진정한 정신성장이 있을 수 없습니다. 일시적 평화나 행복은 고무적이지만 그것만으로는 변화를 가져올 수 없습니다.

일치된 생각은 안정을 줍니다.

마음을 닫고 있는 사람들을 보면 마음이 심란해집니다. 나는 그들을 변화시킬 수 없습니다. 그들에게 나는 책임이 없습니다. 그렇지만 내가 할 수 있는 게 있다면 그들을 도울 것입니다.

대부분 사람들은 마음에서 삶에서 무엇이 일어나고 있는지 모릅니다. 그들 자신은 알고 있다고 하지만 그렇지 않습니다. 사람들은 매우 두껍게 조건지어져 있습니다. 조건을 극복하기 위해서는 강력한 마음챙김과 정직함이 필요합니다. 당신도 나도 조건지어져 있습니다. 우리가 서로 조건지어져있다는 것을 아는지요? 우리의 모든 생각과 반응은 조건지어진 작용입니다. 우리 자신을 조건들이 행동하게 합니다. 우리 자신이 조건지어짐에서 자유로워졌을 때 다른 사람도 조건지어짐에서 벗어나도록 도울 수 있습니다. 우리가 왜곡되어 있는 한 우리는 도움이라는 이름으로 다른 이를 해치게 될 것입니다. 자기기만은 당신이 알아채지 못할 정도로 아주 완벽합니다. 자기방어는 자기기만이라는 자신의 약점을 보지 못하게 만듭니다. 우리는 우리 자신을 행복하게 하기 위해 자신을 속입니다. 자신의 약점을 보는 것이 고통스럽습니다.

과거의 기억과 미래의 걱정을 내려놓고 지금 이 순간을 마음챙김하며 사십시오. 그러면 미래는 잘 풀릴 것입니다.

탈피

수행함으로써 탐욕·갈애·꿈·기대에서 벗어납니다. 무명에서 깨어나면 처음에는 고통스럽습니다. 왜냐하면 실망과 함께하기 때문입니다. 그러나 나중에는 마음이 자유로워집니다. 실재적이 됩니다. 삶은 한 편의 동화가 아닙니다. 실재 삶에 '영원히 행복하게 살았다'는 없습니다.

실재적이 되려면 우리는 바뀌어야 합니다. 뱀이 성장하며 허물을 벗듯이 우리가 소중히 간직했던 꿈을 벗어버려야 합니다. 숨쉬기에 너무 갑갑하다고 불평하는 대신, 오랜 껍질을 벗어버리고 새살이 자라도록, 편하게 숨을 쉴 수 있도록 해주어야 합니다. 그리고 기억하십시오. 껍질을 벗어야 할 때가 다시 또 온다는 것을요. 우리는 망설이면 안됩니다. 오랜된 껍질을 벗는 것은 항상 고통스럽습니다. 그리고 새껍질은 환경에 적응할 만큼 충분히 강하지 않기에 이때 사람들은 매우 상처받기 쉽고 민감해집니다.

나는 정신적으로 더욱더 독립적이 되어갑니다. 이제 더 이상 외롭다고 느끼지 않습니다.

마음챙김 V

"마음속 정신상태를 어떻게 마음챙김하나요?"

당신은 느낌을 느낄 수 있습니다. 그 느낌을 알아차리고 그것이 표면으로 드러나도록 끈기 있게 기다리십시오. 힘을 쓰지는 마세요. 마음을 부드럽게 유지하십시오.

행복은 고요한 마음, 완벽한 마음챙김입니다. 마음챙김에는 생각 '나'라는 의식이 없습니다. 행복은 '나'도 없고, 어제도 없고, 내일도 없고, 계획도 없는, 과거나 미래에 대한 생각이 없을 때 옵니다. 그러나 행복을 경험하는 '나'는 없습니다. 오직 '행복'만이 있습니다.

진정한 행복은 이유가 없습니다. 당신이 '나'라는 의식 없이 진정으로 행복할 때, "나는 행복하다. ○○하기 때문에"라고 말할 수 없습니다. 당신이 행복하고자 노력한다면 반드시 실패합니다. 진정한 행복은 초대받지 않고 옵니다.

생각

당신은 생각이 멈추는 것을 볼 수 있나요? 생각은 없고 마음챙김만 있을 때 마음은 평화롭습니다. 생각이 있다면 마음이 평화로울 수 없습니다. 해결되지 않는 고민들이 있을 때, 그 고민을 해결할 수 있는 가장 좋은 방법은 그것에 대하여 생각하지 않는 것입니다. 빙글빙글 계속되는 생각은 자신을 마멸시킬 뿐입니다. 사람들은 생각이 아주 많습니다. 우리는 그것을 인정하고 생각에 빠지지 않게 훈련해야 합니다.

읽기·말하기·기분전환거리 등은 사람으로 하여금 잘 잊어버리게 만듭니다. 읽기, 말하기 등을 즐겨 하는 사람이 그것을 하지 않을 때는 공허하고 불안하고 지루함을 느낍니다. 그들의 마음은 즐길거리가 없으면 둔감해집니다. 생각은 짐이고 고문입니다. 당신은 생각으로 자신을 행복하게 하는 법을 찾을 수 있을 거라고 생각합니다. 얼마나 오랜 시간 동안 이렇게 당신 자신을 속여 왔나요? 앞으로 얼마나 더 자신을 속일 것인지요? 생각은 충분합니다. 생각없이 단지 일어나는 것만 보십시오.

생각하는 마음으로 볼 수는 없습니다. 생각은 장님과 같습니다. 보는 마음은 생각하지 않습니다. 보는 것은 생각을 차단합니다. 정말로 보는 것은 삼매와는 같지 않습니다. 생각하면 할수록 당신은 점점 더 빙빙 돌기만 할 것입니다. 당신이 분명히 생각을 본다면 생각은 반드시 멈춥니다.

나는 생각하지 않습니다. 생각은 생각에 의해 계속됩니다. 영속하고 있는 것처럼 보입니다.

너무 생각하지 말고 너무 많이 일하지 마십시오. 수행을 하려면 바쁘지 않아야 합니다. 말도 많이 하지 마십시오. 잠도 많이 자면 안 됩니다. 홀로있음에 기뻐하십시오. 여섯 감각 장소의 문에서 모든 것을 마음챙김하십시오. 얼마나 먹는 것이 적당한지를 아십시오.

생각이 멈출 때, 삼매가 멈출 때, 마음이 완벽한 침묵에 있을 때, 깨어있으며 마음챙김하고 있을 때, 그때 당신은 물질의 본성인 무상anicca을 볼 것입니다.

선택

사람들은 삶에서 실재적이고 중요한 것보다는 오락·정보·재미있는 것에 열중합니다.

자신의 삶과 마음에 대해 공부하는 것이 훨씬 가치가 있는데도 대부분 사람은 이것을 싫어합니다. 대신에 그들은 자기 자신을 잊고자 원합니다. 자신으로부터 도망칩니다. 그들은 자신과 직면할 충분한 용기가 없습니다. 혹은 그들은 자신에 대해 너무 많이 생각하면 미치게 될지도 모른다며 무서워하는지도 모르겠습니다. 지금 말한 생각은 생각하는 것에 대해 말하는 게 아닙니다. 지켜보는 것에 대한 말입니다. 맞습니다, 당신이 당신 자신에 대해 너무 많이 생각하면 당신은 미치게 될 것입니다.

사람들은 공허함과 쓸모없음을 느낍니다. 이것을 가리기 위해 아주 바쁘게 삽니다. 사람들은 바빠야만 중요하다고 느낍니다.

누가 당신이 해야 할 일을 말해줄 수 있을까요? 나는 아닙니다. 당신 혼자 힘으로 찾아야만 합니다. 나는 당신에게

"마음챙김하며 단순하게 사세요."라고 말해줄 수 있을 뿐입니다. 우리는 모든 것을 가질 수 없습니다. 우리는 선택을 해야만 하고 나머지는 놓아버려야 합니다.

사람들은 자기 자신을 잊고 싶어합니다.
자신으로부터 도망칩니다.
사람들은 자신과 직면할 충분한 용기가 없습니다.

하지만 우리는 모든 것을 가질 수 없습니다.
우리는 선택을 해야만 하고, 나머지는 놓아버려야 합니다.
자기 자신을 직면하고, 알아야 합니다.

탐욕이 줄면 줄수록 짐도 점점 줄어든다

갈애·취착·욕망·탐욕이 고통의 원인입니다. 그리고 그
것으로부터 벗어나는 유일한 길은 마음챙김하는 것뿐입니
다. 감추거나 표현하는 것 둘 다 중요하지 않습니다. 깊은 이
해가 중요합니다.

당신 마음에 탐욕이 있을 때 당신이 그것을 직접 보지
않는 한, 탐욕이 무엇이라고 아무리 많은 설명을 해도 당신
은 알 수 없습니다. 탐욕은 스파이와 같습니다. 그것은 많은
얼굴을 가졌고 잘 속입니다. 탐욕은 당신을 계속 속여 왔습
니다.

자기 자신에게 정직하기란 아주 어렵습니다. 우리는 우
리 자신에게 항상 거짓말을 합니다. 나는 위선자입니다. 그
것을 보는 것은 고통입니다.

우리 모두가 가진 내적·외적으로 있는 갈등은 마음챙
김과 지혜에 의해서만 풀릴 수 있습니다. 생각은 매우 강력
합니다. 당신 주의에 당신을 즐겁게 해주는 것을 두십시오.
당신의 마음을 고요하고 맑고 즐겁게 해주는 책들을 읽으십

시오. 어떤 책은 마음을 우울하게 만듭니다. 당신자신이나 다른 이에게 너무 많이 기대하지 마십시오.

나의 어리석음에 대해 이야기하면서 나도 '하나의 사람 일 뿐이다'라고 말한 걸 기억하는지 모르겠습니다. 나는 '내가 완벽해질 거야'라고 생각하지 않습니다. 완벽해짐을 원하지도 않습니다. 내가 바라는 모든 것은 내안에서 실재로 일어나는 것을 보는 것입니다. 나의 결점을 보더라도 흥분하거나 화내지 않습니다. 그것을 제거하려고 서두르지도 않습니다. 나는 그것을 제거할 수도 없습니다. 그대로 그것을 보기만을 바랄뿐입니다. 그런데 대부분의 경우 그것을 보면서 왜곡합니다. 마음은 왜곡하는데 능숙합니다. 자기기만은 자신을 왜곡합니다. 나는 점점 더 자기기만을 보는 것을 배워가고 있습니다.

마음챙김 없는 내 삶은 조롱거리일 뿐이다

피할 수 없는 것을 받아들이는 것은 마음의 평화를 위해 중요합니다.

무상anicca은 말의 차원을 넘어서 있습니다. 신문에서 뭔가를 읽고 무상을 이해하는 것은 지식일 뿐입니다. 당신이 바로 지금 여기서의 경험에서 보는 것이 무상입니다. 거기에는 생각이 없습니다.

사람들은 개념을 만들고 그 개념은 감옥이 됩니다. 그러나 통찰력을 가진 사람은 그 감옥을 빠져나올 수 있습니다.

당신이 수행을 바르게 하면 어떤 종류의 옷을 입었는지는 문제가 되지 않습니다. 상표가 무엇을 위한 것인지를 안다면 큰 의미가 없습니다. 얼마나 많은 계율을 지킬 것인지를 결정하는 것은 당신에게 달려있습니다.

이제는 조금 더 진지하게 수행하려고 합니다. 나의 마음은 세상일로 가득 차 있네요. 여행을 다니며 말을 많이 했습니다. 이제 다시 침묵하고 싶습니다. 생각은 커다란 짐입니다. 나는 망망대해에서 홀로 배 위에 있습니다. 무선장비는 아무것도 없습니다. 내게는 오직 마음챙김이라는 나침반만 있습니다.

미세한 집착

당신의 생각은 극단적이 되었습니다. 당신은 남들로부터 오해를 받고 싶지 않을 때, 입을 다물어버리거나 사실은 별로 말하기 싫은 것을 말하게 됩니다. 당신이 말하고 싶은 것들을 말하지만, 당신이 하는 말을 사람들은 잘 알아듣지 못합니다. 가끔은 사람들이 당신이 하는 말을 못 알아듣는다는 사실에 기뻐하기도 합니다. 왜 당신의 생각을 표현하고 싶어 할까요? 그것은 또 하나의 집착입니다. 당신이 그 집착을 놓아버릴 수 있다면 거기에 고요와 평화가 있을 것입니다.

사람과 상황에 저항하는 것은 그것이 아주 미세한 것일지라도 정신적 긴장을 가져옵니다. 결국에는 기진맥진하게 만듭니다.

마음을 지켜보십시오. 실재와 개념 속에서 마음이 어떻게 반응하는지 보십시오. 정신적 긴장을 보십시오. 저항하거나 대응하지 않아도 되는 곳에서 사는 것이 나을 수도 있습니다. 외로움을 견딜 수 있다면 혼자 살 수 있을 것입니다.

당신 느낌에 대해 깊이 느끼면 느낄수록 점점 더 고요함을
느낄 것이다.

말할 수 없는 것에 대해서는 침묵해야 한다.

_루트비히 요제프 요한 비트겐슈타인

오해받는 것은 매우 실망스럽다

대부분 사람들은 진리를 보고 받아들이는 것에 용기내지 않습니다. 그들은 그들 자신을 행복하게 만들어줄 무언가를 원할 뿐입니다. 때로 진리는 무섭기도 합니다. 실로 무명에서 깨어나는 것은 공포입니다.

당신이 계속 움켜쥐고 가야 하는 것은 아무것도 없습니다. 법Dhamma이라도 말이지요. 그런데 법이 무엇일까요? 단지 보고 아는 것일 뿐. 그런데 대부분 사람들은 움켜쥘 뭔가를 찾습니다. 이념·목적·수단·조직·종파·체제 등 견해를 같이할 그 무엇을 말이지요.

외로움

    외로움을 포용하지 않는 한 진정한 의미의 우정을 이해하지 못할 것입니다. 대부분 사람에게 우정이란 외로움을 극복한다는 뜻입니다. 외로움을 계발하십시오. 가능한 만큼 혼자 사십시오. 그리고 외로움에 대해 괜찮다고 느끼는 것을 보십시오.

    당신이 외로움을 잘 다루게 되면 평화로운 곳에서 홀로 사는 것이 좋을 것입니다. 그 평화로운 곳에서 함께 살 좋은 친구가 생긴다면 좋은 일입니다. 그런데 그 대가는 클 거 같습니다.

바쁘지 않는 스승

나는 바쁘고 싶지 않습니다. 바쁘다는 것은 삶을 낭비하는 것입니다. 당신이 바쁘면 일에 몰두하여 마음에서 일어나는 것을 볼 수가 없습니다. 마음챙김을 하지 못하게 됩니다. 나는 바쁜 스승이 되는 것을 원하지 않습니다.

남겨둔 것

지금까지 내가 말한 것은 진짜 중요한 게 아닙니다. 별거 아닙니다. 어쩌면 쓸모없는 건지도 모릅니다. 내가 말하지 않고 남겨둔 것, 말로 할 수 없었던 것이 더 중요합니다.

나의 마음이 고요하면 마음속에 쓸 것은 아무것도 없습니다.

그대가 진실을 원한다면
진실을 말할게요.
친구여, 들어봐요.
내가 사랑하는 신은 내안에 있노라.

_까비르

당신은 항상 마음챙김하고 있나요?